AF193031

AGENDA
ECLESIÁSTICA
PPC - VIDA NUEVA

2025

Esta agenda eclesiástica, que en este año cumple su LXII edición, ha merecido repetidas felicitaciones del Cardenal Secretario de Estado, de la Congregación para el Culto Divino y de varios cardenales y prelados.

Edita: PPC, Editorial y Distribuidora, S.A.
Impresores, 2
Parque Empresarial Prado del Espino
28660 Boadilla del Monte (Madrid)
Tel.: 91 422 88 00
Fax: 91 422 61 17
ppcedit@ppc-editorial.com
www.ppc-editorial.com

Impreso en la UE – *Printed in EU*

AGENDA ECLESIÁSTICA
PPC - VIDA NUEVA

2025

Edición preparada por ANDRÉS PARDO

Ciclo «C» de lecturas
Año impar

DATOS PERSONALES

- Apellidos..

- Nombre..

- Fecha de nacimiento...

- Domicilio...

- Población..

- Provincia ....

- Teléfono..

- Grupo sanguíneo ....

- En caso de accidente, avisar a ....
  ....

- Dirección ....

ÍNDICE

CALENDARIO

«La Santa Madre Iglesia considera deber suyo celebrar con un sagrado recuerdo en días determinados a través del año la obra salvífica de su Divino Esposo. Cada semana, en el día que llamó "del Señor", conmemora su resurrección, que una vez al año celebra también, junto con su Santa Pasión, en la máxima solemnidad de la Pascua.

Además, en el círculo del año desarrolla todo el Misterio de Cristo: desde la Encarnación y la Navidad hasta la Ascensión, Pentecostés y la expectativa de la dichosa esperanza y venida del Señor» (SC, núm. 102).

☙ Tiempo de Adviento ❧

«El tiempo de Adviento presenta un doble aspecto: por una parte es el tiempo de preparación a las solemnidades de la Navidad, en la cual se conmemora la primera venida del Hijo de Dios; y, por otra, con este recuerdo se dirige nuestra atención hacia la expectativa de la segunda venida de Cristo al final de los tiempos. Por esta razón el Tiempo de Adviento se presenta como el tiempo de la alegre esperanza» (*Normas universales*, núm. 39).

La actitud de espera ante el advenimiento de Jesús al final de los tiempos predomina durante las primeras semanas hasta el 17 de diciembre –«el Señor vendrá»– y tiene su expresión más profunda en el *hodie* de la eucaristía, que celebramos «hasta que Él vuelva».

Vivir la esperanza de esta doble venida de Cristo exige, sin duda, nuestra conversión. Pero no olvidemos el carácter de alegría que impregna esta esperanza y que establece la distinción entre el Adviento y la Cuaresma.

❧ Tiempo de Navidad ❧

«Después de la celebración del Misterio Pascual, la Iglesia no conmemora nada con tanto interés como la Navidad del Señor y sus primeras manifestaciones; es lo que se celebra en el Tiempo de la Navidad» (*Normas universales*, núm. 32).

El término del año civil y comienzo del nuevo es ocasión propicia para una reflexión sobre el misterio del tiempo, en el que Dios habita, y para una revisión y programación de vida, en confrontación con la Palabra de Dios.

❧ Tiempo Ordinario antes de Cuaresma y después de Pascua ❧

Fuera de los tiempos que poseen un carácter propio –tiempos privilegiados–, quedan treinta y tres o treinta y cuatro semanas en las que no se celebra ningún aspecto particular del Misterio de Cristo. Durante ellas se conmemora el Misterio de Cristo en su plenitud, de un modo especial el domingo (*Normas universales*, núm. 43).

❧ Tiempo de Cuaresma ❧

El Tiempo de Cuaresma prepara a la celebración de la Pascua.

La liturgia de la Cuaresma dispone a los catecúmenos, por los diversos grados de la iniciación cristiana, y a los fieles, por la conmemoración de su bautismo y de la penitencia, a celebrar el Misterio Pascual.

Este itinerario bautismal y penitencial de la Cuaresma hacia la Pascua no lo ha de recorrer cada cristiano por su cuenta, sino toda la Iglesia unida: es el Pueblo de Dios, que se reúne para orar y escuchar la Palabra de Dios; que pide perdón, practica el ayuno y vive la caridad con los hermanos.

☙ Semana Santa ☙

La Semana Santa no es solo la celebración-recuerdo de los hechos redentores, es principalmente celebración sacramental: bautismo y eucaristía de la Vigilia Pascual, meta de la Cuaresma y centro de todo el año.

☙ Triduo Pascual ☙

El Triduo Pascual no es la preparación a la solemnidad de la Pascua, es la misma celebración de la Pascua de Cristo, que comprende su muerte, sepultura y resurrección. El dinamismo de este Misterio Pascual consiste en la nueva vida, que nace de la muerte redentora: «Muriendo destruyó nuestra muerte y resucitando restauró la vida».

☙ Tiempo Pascual ☙

Los cincuenta días que siguen al Domingo de Resurrección hasta el día de Pentecostés se celebran en la alegría y el gozo, como si fuesen un único día de fiesta, o mejor, «un gran domingo» (san Atanasio).

☙ El Santoral ☙

A la celebración del Misterio de Cristo no se oponen las fiestas de la Bienaventurada Virgen María, unida a su Hijo en la obra de la salvación por lazos indisolubles, ni las conmemoraciones de los santos, entre los que brillan con luz propia los aniversarios de los mártires.

Las fiestas de los santos proclaman las maravillas de Cristo en sus siervos y nos proponen ejemplos a imitar. La Iglesia ha creído siempre que el Misterio Pascual de Cristo es proclamado y renovado siempre en las fiestas de los santos (*Carta apostólica de aprobación del Nuevo Calendario*).

En el calendario, las solemnidades y fiestas figuran en versalita, los santos de memoria obligatoria en negrita y los santos de memoria libre en cursiva.

≈ El domingo ≈

La Iglesia, por una tradición apostólica que tiene su origen en el mismo día de la resurrección de Cristo, celebra el Misterio Pascual cada ocho días, en el día que es llamado con razón «día del Señor» o domingo.

El domingo –día de la reunión cristiana– es la fiesta primordial... día de alegría y de liberación del trabajo.

«El domingo es el fundamento y el núcleo de todo el año litúrgico» (SC, núm. 106).

CALENDARIO UNIVERSAL Y PROPIO DE ESPAÑA

❧ ENERO

1	Octava de la Natividad del Señor	
	SANTA MARÍA, MADRE DE DIOS	Solemnidad
2	**San Basilio y San Gregorio Nacianceno**	Memoria
3	*Santísimo Nombre de Jesús*	
4		
5		
6	EPIFANÍA DEL SEÑOR	Solemnidad
7	*San Raimundo de Peñafort*	
8		
9	*San Eulogio de Córdoba*	
10		
11		
12		
13	*San Hilario*	
14		
15		
16		
17	**San Antonio, abad**	Memoria
18		
19		
20	*Santos Fructuoso, Eulogio y Augurio, San Fabián, San Sebastián*	
21	**Santa Inés**	Memoria
22	**San Vicente**	Memoria
23	**San Ildefonso**	Memoria
24	**San Francisco de Sales**	Memoria
25	CONVERSIÓN DE SAN PABLO	Fiesta
26	**San Timoteo y San Tito**	Memoria
27	*Santa Ángela de Mérici*	
28	**Santo Tomás de Aquino**	Memoria
29		
30		
31	**San Juan Bosco**	Memoria

FEBRERO

1		
2	Presentación del Señor	Fiesta
3	*San Blas*	
4		
5	**Santa Águeda**	Memoria
6	**San Pablo Miki y comps. márts.**	Memoria
7		
8	*San Jerónimo Emiliani o Santa Josefina Bakhita*	
9		
10	**Santa Escolástica**	Memoria
11	*Nuestra Señora de Lourdes*	
12		
13		
14	San Cirilo y San Metodio	Fiesta
15		
16		
17	*Los siete fundadores de la Orden de los Siervos de la Virgen María*	
18		
19		
20		
21	*San Pedro Damiani*	
22	La Cátedra del apóstol San Pedro	Fiesta
23	**San Policarpo**	Memoria
24		
25		
26		
27	*San Gregorio de Narek*	
28		

✤ MARZO

1		
2		
3		
4	*San Casimiro*	
5		
6		
7	**Santas Perpetua y Felicidad**	Memoria
8	*San Juan de Dios*	
9	*Santa Francisca Romana*	
10		
11		
12		
13		
14		
15		
16		
17	*San Patricio*	
18	*San Cirilo de Jerusalén*	
19	SAN JOSÉ, ESPOSO DE LA VIRGEN MARÍA	Solemnidad
20		
21		
22		
23	*Santo Toribio de Mogrovejo*	
24		
25	ANUNCIACIÓN DEL SEÑOR	Solemnidad
26		
27		
28		
29		
30		
31		

👹 ABRIL

1		
2	*San Francisco de Paula*	
3		
4		
5	*San Vicente Ferrer*	
6		
7	**San Juan Bautista de La Salle**	Memoria
8		
9		
10		
11	**San Estanislao**	Memoria
12		
13	*San Martín I, San Hermenegildo*	
14		
15		
16		
17		
18		
19		
20		
21	*San Anselmo*	
22		
23	*San Jorge o San Adalberto*	
24	*San Fidel de Sigmaringa*	
25	SAN MARCOS, EVANGELISTA	Fiesta
26	SAN ISIDORO	Fiesta
27		
28	*San Pedro Chanel o*	
	San Luis María Grignion de Monfort	
29	SANTA CATALINA DE SIENA	Fiesta
30	*San Pío V*	

 # MAYO

1	*San José Obrero*	
2	**San Atanasio**	Memoria
3	SAN FELIPE Y SANTIAGO, APÓSTOLES	Fiesta
4		
5		
6		
7		
8		
9		
10	**San Juan de Ávila**	Memoria
11		
12	*San Nereo y San Aquiles, San Pancracio*	
13	*Bienaventurada Virgen de Fátima*	
14	SAN MATÍAS, APÓSTOL	Fiesta
15	**San Isidro**	Memoria
16		
17	*San Pascual Bailón*	
18	*San Juan I*	
19		
20	*San Bernardino de Siena*	
21	*San Cristóbal Magallanes y comps. márts.*	
22	*Santa Joaquina Vedruna o Santa Rita de Casia*	
23		
24		
25	*San Beda el Venerable, San Gregorio VII y Santa María Magdalena de Pazzi*	
26	**San Felipe Neri**	Memoria
27	*San Agustín de Cantorbery*	
28		
29	*San Pablo VI*	
30	*San Fernando*	
31	VISITACIÓN DE LA VIRGEN MARÍA	Fiesta

Lunes posterior a Pentecostés:
Virgen María, Madre de la Iglesia   Memoria

 # JUNIO

1	**San Justino**	Memoria
2	*San Marcelino y San Pedro*	
3	**San Carlos Luanga y comps. márts.**	Memoria
4		
5	**San Bonifacio**	Memoria
6	*San Norberto*	
7		
8		
9	*San Efrén*	
10		
11	**San Bernabé**	Memoria
12		
13	**San Antonio de Padua**	Memoria
14		
15	*Santa María Micaela del Santísimo Sacramento*	
16		
17		
18		
19	*San Romualdo*	
20		
21	**San Luis Gonzaga**	Memoria
22	*San Paulino de Nola, San Juan Fisher y Santo Tomás Moro*	
23		
24	Natividad de San Juan Bautista	Solemnidad
25		
26	*San Pelayo*	
27	*San Cirilo de Alejandría*	
28	**San Ireneo**	Memoria
29	San Pedro y San Pablo, apóstoles	Solemnidad
30	*Santos protomártires de la santa Iglesia romana*	

❧ JULIO

1		
2		
3	Santo Tomás, apóstol	Fiesta
4	*Santa Isabel de Portugal*	
5	*San Antonio María Zaccaría*	
6	*Santa María Goretti*	
7		
8		
9	*San Agustín Zhao Rong y comps. márts.*	
10		
11	San Benito	Fiesta
12		
13	*San Enrique*	
14	*San Camilo de Lelis*	
15	**San Buenaventura**	Memoria
16	**Nuestra Señora del Carmen**	Memoria
17		
18		
19		
20	*San Apolinar*	
21	*San Lorenzo de Brindis*	
22	Santa María Magdalena	Fiesta
23	Santa Brígida	Fiesta
24	*San Sarbelio Makhluf*	
25	Santiago, apóstol	Solemnidad
26	**San Joaquín y Santa Ana**	Memoria
27		
28		
29	**Santos Marta, María y Lázaro**	Memoria
30	*San Pedro Crisólogo*	
31	**San Ignacio de Loyola**	Memoria

AGOSTO

1	**San Alfonso María de Ligorio**	Memoria
2	*San Eusebio de Vercelli, San Julián Eymard*	
3		
4	**San Juan María Vianney**	Memoria
5	*Dedicación de la basílica de Santa María*	
6	Transfiguración del Señor	Fiesta
7	*San Sixto II, San Cayetano*	
8	**Santo Domingo de Guzmán**	Memoria
9	Santa Teresa Benedicta de la Cruz	Fiesta
10	San Lorenzo	Fiesta
11	**Santa Clara**	Memoria
12		
13	*San Ponciano y San Hipólito*	
14	**San Maximiliano Kolbe**	Memoria
15	Asunción de la Virgen María	Solemnidad
16	*San Esteban de Hungría*	
17		
18		
19	*San Ezequiel Moreno Díaz o San Juan Eudes*	
20	**San Bernardo**	Memoria
21	**San Pío X**	Memoria
22	**Santa María Reina**	Memoria
23	*Santa Rosa de Lima*	
24	San Bartolomé, apóstol	Fiesta
25	*San Luis o San José de Calasanz*	
26	**Santa Teresa de Jesús Jornet e Ibars**	Memoria
27	**Santa Mónica**	Memoria
28	**San Agustín**	Memoria
29	**Martirio de San Juan Bautista**	Memoria
30		
31		

✣ SEPTIEMBRE

1		
2		
3	**San Gregorio Magno**	Memoria
4		
5		
6		
7		
8	NATIVIDAD DE LA SANTÍSIMA VIRGEN MARÍA	Fiesta
9	*San Pedro Claver*	
10		
11		
12	*Dulce Nombre de María*	
13	**San Juan Crisóstomo**	Memoria
14	EXALTACIÓN DE LA SANTA CRUZ	Fiesta
15	**Nuestra Señora, la Virgen de los Dolores**	Memoria
16	**San Cornelio y San Cipriano**	Memoria
17	*San Roberto Belarmino,* *Santa Hildegarda de Bingen*	
18		
19	*San Jenaro*	
20	**San Andrés Kim Taegón y San Pablo Chong**	Memoria
21	SAN MATEO, APÓSTOL Y EVANGELISTA	Fiesta
22		
23	**San Pío de Pietralcina**	Memoria
24	*Bienaventurada Virgen de la Merced*	
25		
26	*San Cosme y San Damián*	
27	**San Vicente de Paúl**	Memoria
28	*San Wenceslao o San Lorenzo Ruiz*	
29	SANTOS ARCÁNGELES MIGUEL, GABRIEL Y RAFAEL	Fiesta
30	**San Jerónimo**	Memoria

❧ OCTUBRE

1	**Santa Teresa del Niño Jesús**	Memoria
2	**Santos Ángeles custodios**	Memoria
3	*San Francisco de Borja*	
4	**San Francisco de Asís**	Memoria
5	**Témporas de acción de gracias y de petición**	Feria mayor
6	*San Bruno*	
7	**Nuestra Señora, la Virgen del Rosario**	Memoria
8		
9	*San Dionisio y comps. márts., San Juan Leonardi*	
10	*Santo Tomás de Villanueva*	
11	*Santa Soledad Torres Acosta, San Juan XXIII*	
12	NUESTRA SEÑORA DEL PILAR	Fiesta
13		
14	*San Calixto*	
15	SANTA TERESA DE JESÚS	Fiesta
16	*Santa Eduvigis, Santa Margarita María de Alacoque*	
17	**San Ignacio de Antioquía**	Memoria
18	SAN LUCAS, EVANGELISTA	Fiesta
19	*San Pedro de Alcántara, San Juan de Brébeuf y San Isaac Jogues, San Pablo de la Cruz*	
20		
21		
22	*San Juan Pablo II*	
23	*San Juan de Capistrano*	
24	*San Antonio María Claret*	
25	*Santa Catalina de Alejandría*	
26		
27		
28	SAN SIMÓN Y SAN JUDAS, APÓSTOLES	Fiesta
29		
30		
31		

 # NOVIEMBRE

1	TODOS LOS SANTOS	Solemnidad
2	CONMEMORACIÓN DE TODOS LOS FIELES DIFUNTOS	
3	*San Martín de Porres*	
4	**San Carlos Borromeo**	Memoria
5	*Santa Ángela de la Cruz*	
6	**Santos Pedro Poveda e Inocencio de la Inmaculada y comps. márts.**	Memoria
7		
8		
9	DEDICACIÓN DE LA BASÍLICA DE LETRÁN	Fiesta
10	**San León Magno**	Memoria
11	**San Martín**	Memoria
12	**San Josafat**	Memoria
13	*San Leandro*	
14		
15	*San Alberto Magno*	
16	*Santa Margarita de Escocia, Santa Gertrudis*	
17	**Santa Isabel de Hungría**	Memoria
18	*Dedicación de las basílicas de los apóstoles San Pedro y San Pablo*	
19		
20		
21	**Presentación de la Santísima Virgen María**	Memoria
22	**Santa Cecilia**	Memoria
23	*San Clemente I y San Columbano*	
24	**San Andrés Dung Lac y comps. márts.**	Memoria
25	*Santa Catalina de Alejandría*	
26		
27		
28		
29		
30	SAN ANDRÉS, APÓSTOL	Fiesta

1		
2		
3	**San Francisco Javier**	Memoria
4	*San Juan Damasceno*	
5		
6	*San Nicolás*	
7	**San Ambrosio**	Memoria
8	INMACULADA CONCEPCIÓN	
	DE SANTA MARÍA VIRGEN	Solemnidad
9	*San Juan Diego Cuachtlatoatzin*	
10	*Santa Eulalia de Mérida*	
11	*San Dámaso*	
12	*Virgen de Guadalupe*	
13	**Santa Lucía**	Memoria
14	**San Juan de la Cruz**	Memoria
15		
16		
17		
18		
19		
20		
21	*San Pedro Canisio*	
22		
23	*San Juan de Kety*	
24		
25	NATIVIDAD DEL SEÑOR	Solemnidad
26	SAN ESTEBAN, PROTOMÁRTIR	Fiesta
27	SAN JUAN, APÓSTOL Y EVANGELISTA	Fiesta
28	LOS SANTOS INOCENTES	Fiesta
29	*Santo Tomás Becket*	
30		
31	*San Silvestre I*	

CELEBRACIONES PROPIAS DE LAS DIÓCESIS ESPAÑOLAS

Nota: *El primer número dentro del paréntesis señala el día de la celebración y el segundo el mes.*

I. CELEBRACIONES DEL SEÑOR

Santa Cruz (Granada, 3/5).
Santa Faz (Orihuela, jueves II semana T. Pascual).
Preciosísima Sangre (Valencia, 1/7).

II. CELEBRACIONES DE SANTA MARÍA VIRGEN

Ángeles del Puig (Valencia, 1/9).
Auxilio de los cristianos (Granada, 2/1).
Conmemoración de la B. V. María (Toledo, 24/1).
Dedicación de la Basílica de Santa María bajo la advocación de Santa María (Ibiza, 5/8).
Madre de Dios de Begoña (Bilbao, 1/1).
María Auxiliadora (Menoría, 24/5).
Mediadora de Todas las Gracias (Cuenca, Pamplona, Valencia, 8/5).
Ntra. Sra. Bien Aparecida (Santander, 15/9).
Ntra. Sra. de Aránzazu (San Sebastián, 9/9).
Ntra. Sra. de Argeme (Coria, 13/5).
Ntra. Sra. de Covadonga (Oviedo, 8/9).
Ntra. Sra. de Guadalupe (Badajoz, Coria, Plasencia, Toledo, 6/9).
Ntra. Sra. de Hontanares (Segovia, 28/5).
Ntra. Sra. de Honuez (Segovia, 28/5).
Ntra. Sra. de Llanos (Albacete, 8/9).
Ntra. Sra. de Lluc (Mallorca).
Ntra. Sra. de la Academia (Lérida, 2/10).

Ntra. Sra. de la Cueva Santa (Segorbe, 11/8).
Ntra. Sra. de la Fuencisla (Segovia, 25/9).
Ntra. Sra. de la Fuensanta (Cartagena, 12/9).
Ntra. Sra. de la Merced (Cataluña, Huelva, 24/9).
Ntra. Sra. de la Montaña (Coria, 8/4).
Ntra. Sra. de la Peña (Segovia, 28/9).
Ntra. Sra. de la Salud (Sigüenza, 12/9).
Ntra. Sra. de la Soterraña (Segovia, 8/9).
Ntra. Sra. de la Victoria (Málaga, 8/9).
Ntra. Sra. de las Angustias (Granada, Guadix, 15/9).
Ntra. Sra. de los Desamparados (Orihuela, Segorbe, Tortosa, Valencia, sábado anterior II domingo de mayo).
Ntra. Sra. de los Remedios (Mondoñedo, 8/9).
Ntra. Sra. de Montserrat (Cataluña, 27/4).
Ntra. Sra. de San Lorenzo (Valladolid, 8/9).
Ntra. Sra. del Camino (León, 15/9).
Ntra. Sra. del Coro (San Sebastián, 8/9).
Ntra. Sra. del Henar (Segovia, 12/9).
Ntra. Sra. del Lledó (Segorbe, sábado anterior I domingo de mayo).
Ntra. Sra. del Pilar (Zaragoza, 12/10).
Ntra. Sra. del Puerto (Plasencia, 8/4).
Ntra. Sra. del Pueyo (Barbastro, sábado II semana de Pascua).
Ntra. Sra. del Remedio (Orihuela, 5/8).
Ntra. Sra. del Toro (Menorca, 8/9).
Presentación del Señor bajo la advocación de Nuestra Señora de la Candelaria (Tenerife, 2/12).
Santa María de Estíbaliz (Vitoria, 12/9).
Santa María de Valvanera (Calahorra, 12/9).
Santa María la Real de la Almudena (Madrid, 9/11).
Santísima Virgen de Gracia (Málaga, 12/9).
Santísima Virgen del Pino (Canarias, 8/9).
Virgen Blanca (Vitoria, 5/8).
Virgen de la Cabeza (Jaén, 26/4).
Virgen de la Luz (Cuenca 1/6).
Virgen del Sagrario (Valladolid, 13/3).

III. CELEBRACIONES DE SANTOS

A

Abundio, presb. márt. (Córdoba, 11/7).
Acisclo y Victoria, márts. (Córdoba 17/11).
Adolfo y Juan, márts. (Córdoba, Sevilla, 17/9).
Alonso de Orozco, presb. (Madrid, 19/9).
Alfonso Rodríguez, relig. (Mallorca, Segovia, 31/10).
Álvaro de Córdoba, presb. (Córdoba, 19/2).
Amador, Pedro y Luis, márts. (Córdoba, 30/4).
Anastasio, márt. (Lérida, 11/5).
Anastasio, presb. y Félix y Digna, márts. (Córdoba, 14/6).
Antimo, márt. (Segorbe, 11/5).
Antolín, márt. (Palencia, 2/9).
Antón, ob. (Badajoz, 22/5).
Arcadio y comp. márts. (Salamanca, 13/11).
Arcángel san Rafael (Córdoba, 24/10).
Argimiro, relig. márt. (Córdoba, 28/6).
Armengol, ob. (Solsona, Urgel, 3/11).
Atilano, ob. (Tarazona, Zamora, 5/10).
Áurea, virg. márt. (Córdoba, Sevilla, 19/7).
Aurelio y comp. márts. (Córdoba, 27/7).

B

Benilde, márt. (Córdoba, 15/6).
Bernardo y comp. marts. (Sevilla, 15/1).
Bernardo Calbó, ob. (Tarragona, Vich, 25/10).

C

Capitón, ob. márt. (Lugo, 4/3).
Casilda, virg. (Burgos, 9/5).
Catalina, virg. márt. (Jaén, 25/11).
Catalina Thomas, virg. (Mallorca, 28/7).
Cecilio, ob. márt. (Granada, 2/1).
Centola, virg. márt. (Burgos, 13/8).
Ciriaco, márt. (Ibiza, 8/8).
Ciriaco y Paula, marts. (Málaga, 18/6).

Cirino, márt. (Segorbe, 26/4).
Claudio, Lupercio y Victorico, márts. (León 30/10).
Clemente y comp. márts. (Teruel, 26/8).
Columba, virg. márt. (Córdoba, 17/9).
Crispín Astigitano, ob. márt. (Sevilla, 19/11).
Cristóbal (Segorbe, 27/7).
Cristóbal y Leovigildo, márts. (Córdoba, 23/8).
Cucufate, márt. (Barcelona, 27/7).

D

Dalmacio Moner, relig. (Gerona, 25/9).
Daniel y comp. márts. (Cádiz, 10/10).
Dictino, ob. (Astorga, 2/6).
Diego de Alcalá, relig. (Madrid, 13/11; Sevilla, 14/11).
Domingo de la Calzada (Calahorra, 12/5).
Domingo de Silos, ab. (Burgos, Calahorra, 11/9).

E

Eladio, ob. (Toledo, 18/2).
Emerenciana, virg. márt. (Teruel, 23/11).
Emeterio y Celedonio, márts. (Bilbao, San Sebastián, 3/3).
Emilio, diác. y Jeremías, márt. (Córdoba, 25/9).
Eufemia, virg. márt. (Málaga, 16/9).
Eufrasio, ob. márt. (Jaén, 15/5; Lugo, 16/5).
Eugenio, ob. (Toledo, 15/11).

F

Facundo y Primitivo, márts. (León, 27/11).
Fausto, Jenaro y Marcial, márts. (Córdoba, 13/10).
Félix, márt. (Gerona, 1/8).
Feliz, márt. (Segorbe, 18/6).
Fermín, ob. márt. (Bilbao, Pamplona, San Sebastián, 7/7).
Flora y María, virg. márts. (Córdoba, 27/11).
Florentina, virg. (Cartagena, Plasencia, Sevilla, 20/6).
Francisco Blanco y comp. márts. (Orense, 6/6).

Francisco de San Miguel, márt. (Valladolid, 13/2).
Francisco Solano, presb. (Córdoba, 14/7).
Froilán, ob. (León, Lugo, 5/10).
Fructuoso, ob.; Eulogio y Augurio, diác. márts. (Cataluña, 21/1).
Frutos (Segovia, 25/10).
Fulgencio, ob. (Cartagena, 16/1).
Fundila, márt. (Córdoba, Guadix, 13/6).

G - H

Gaudioso, ob. (Barbastro, Zamora, 3/11).
Genadio, ob. (Astorga, 24/5; Tarazona, 2/6).
Germán, Paulino, Justo y Sicio, márts. (Gerona, 2/6).
Gerundio Italicense, ob. márt. (Sevilla, 26/8).
Gregorio de Elvira, ob. (Granada, 24/4).
Gregorio de la Berruela, ob. (Pamplona, 9/5).
Gumersindo, presb. y Servideo, relig. márt. (Córdoba, 19/1).
Honesto de Nines, presb. (Pamplona, 28/11).

I

Indalecio, ob. márt. (Burgos, 30/4, Almería, 15/5).
Innumerables mártires de Zaragoza (Zaragoza, 3/11).
Invención de las Reliquias de los mártires de Córdoba (Córdoba, 26/11).
Íñigo, ab. (Burgos, Tarazona, 1/6).
Isaac, relig. márt. (Córdoba, 3/6).

J

Jacinto María Castañeda, presb. márt. (Valencia, 7/11).
Joaquín Royo (Teruel, 29/10).
José Fernández, márt. (Valladolid, 11/7).
José María Díaz Sanjurjo, ob. márt. (Lugo, 20/7).
José María Rubio, presb. (Madrid 4/5).
Josémaría Escrivá, presb. (Madrid 26/6).
Juan Bautista de la Concepción, relig. (Ciudad Real, Córdoba, 14/2).

Juan de Ortega, presb. (Burgos, Calahorra, 2/6).
Juan de Ribera, ob. (Salamanca, Segorbe, Sevilla, 7/1; Badajoz, Orihuela, Valencia, 14/1).
Juan de Sahagún, presb. (León, Salamanca, 12/6).
Juan Grande, relig. (Sevilla 4/6).
Juan Macía, relig. (Badajoz, 25/9).
Julián, ob. (Burgos, 27/1; Cuenca, 28/1; Toledo, 29/1; Palencia, 3/2).
Justa y Rufina, márts. (Orihuela, 17/7).
Justo, ob. (Solsona, Seo de Urgel, 29/6).
Justo y Pastor, márts. (Huesca, Madrid, 7/8).

L

Lamberto, márt. (Zaragoza, 19/6).
Laureano, ob. márt. (Sevilla, 4/7).
Leocadia, virg. márt. (Toledo, 9/12).
Leocricia, virg. márt. (Córdoba, 15/3).
León, ob. márt. (Bilbao, Pamplona, San Sebastián, 1/3).
Lesmes, ab. (Burgos, 30/1).
Librada, virg. márt. (Sigüenza, 20/7).
Licerio, ob. (Lérida, 1/9).
Luciano y Marciano, márts. (Vich, 26/10).
Luis, ob. (Valencia, 19/8).
Luis Bertrán, presb. (Valencia, 8/10).

M

Maravillas de Jesús (Madrid, Getafe, 9/11)
Marcelo, márt. (León, 29/10).
Marcial, ob. (Canarias, 7/7).
María, márt. (Huelva, 28/11).
María de Cervelló, virg. (Barcelona, 19/9).
María de la Cabeza (Madrid, 9/9).
Martín de Dumio, ob. (Mondoñedo, 20/3).
Martín de Finojosa, ob. (Sigüenza, 5/5).
Martín de la Ascensión, márt. (Bilbao, San Sebastián, 6/2).
Martino, presb. (León, 12/1).
Martirio de san Fermín (Pamplona, 25/9).

Mauro, márt. (Valencia, 5/12).

Melchor García Sampedro, ob. márt. (Oviedo, 28/7).

Miguel de Garikoitz, presb. (Bilbao, Pamplona, San Sebastián, 13/5).

Miguel de los Santos, relig. (Vich, 5/7; Valladolid, 10/4).

Millán, presb. (Tarazona, 10/11; Calahorra, 14/11).

N

Narciso, ob. márt. (Gerona, 29/10).

Nunilo y Alodia, márts. (Huesca, 21/10; Guadix, Pamplona, 22/10).

O

Obispos de la diócesis (Segorbe, 21/5).

Odón, ob. (Seo de Urgel, Solsona, 7/7).

Orosia, virg. márt. (Jaca, 25/6).

P

Pablo y Sisenando, diác. márts. (Córdoba, 20/7).

Patricio, ob. (Málaga, 18/8).

Pedro, márt. (Canarias, 29/4).

Pedro, ob. (Palencia, 3/8).

Pedro Almató, presb. márt. (Vich, 3/11).

Pedro Arbués, márt. (Zaragoza, 17/9).

Pedro Armengol, márt. (Tarragona, 24/4).

Pedro Bautista y comp. márts. (Ávila, 6/2).

Pedro Claver, presb. (Cataluña, Mallorca, 9/9).

Pedro de Osma, ob. (Osma, 2/8).

Pedro Dueñas, márt. (Palencia 19/5).

Pedro Mezonzo, ob. (Santiago, 10/9).

Pedro Nolasco, relig. (Barcelona, 29/1).

Pedro Pascasio, ob. márt. (Jaén, 23/10).

Pedro Pascual, ob. márt. (Granada, Valencia 6/12).

Pedro Poveda, márt. (Madrid, 28/7).

Pedro Regalado, diác. (Valladolid, 13/5).

Pedro, presb. y Walabonso, diác. y márt. (Córdoba, 7/6).

Pedro, presb. y Wistremundo, relig. y márt. (Sevilla, 7/6).

Pelayo, márt. (Tuy, 26/6).

Perfecto, presb. márt. (Córdoba, 18/4).

Pomposa, virg. y márt. (Córdoba, 19/4).

Prudencio, ob. (Bilbao, Calahorra, Osma, San Sebastián, Tarazona, Vitoria, 29/4).

R

Rafaela María, virg. (Córdoba, 20/5).

Raimundo de Fitero, ab. (Pamplona, Toledo, 15/3; Ciudad Real, 29/4; Tarazona, 4/5).

Ramón de Roda, ob. (Barbastro, Lérida, 21/6).

Reliquias (Astorga, Toledo, Zaragoza, 5/1).

Rogelio y Servideo, márts. (Córdoba, 16/9),

Roque (Segorbe, 16/8).

Rosendo, ob. (Mondoñedo, Orense, Santiago, 3/3).

S

Salomé (Santiago, 22/10).

Salvador de Horta, relig. (Gerona, 18/3).

Sandalio, márt. (Córdoba 3/9).

Santos y mártires de León (León, 5/11).

Saturio (Osma, 2/10).

Saturnino, ob. márt. (Bilbao, Pamplona, San Sebastián, 29/11).

Secundino, márt. (Córdoba, 21/5).

Segundo, ob. (Ávila, 2/5).

Servando y Germán, márts. (Badajoz, Cádiz, 23/10).

Severo, ob. márt. (Barcelona, 6/11).

Simón de Rojas, presb. (Madrid 28/9).

Sisebuto, ab. (Burgos, 9/2).

Soledad Torres Acosta (Madrid, 11/10).

T

Tecla, virg. márt. (Burgos, Tarazona, 23/9).

Teodoro Carmonensi, relig. márt. (Sevilla, 27/7).

Teresa de Jesús Jornet, virg. (Valencia, 26/8).
Todos los santos de Navarra (Pamplona, 5/11).
Todos los santos de Sevilla (Sevilla, 3/11).
Tomás de Villanueva, ob. (Valencia, 10/10).
Torcuato y comp. márts. (Guadix, Zaragoza, 15/5; Santiago, 21/5).
Toribio, ob. (Astorga, 23/4; Palencia, 16/4).
Transverberación del corazón de Santa Teresa de Ávila (Salamanca, 27/8).
Traslación de san Froilán, ob. (León, 11/8).
Traslación de san Isidro, ob. (León, 15/12).

U

Úrbez, presb. (Barbastro, Huesca, 15/12).
Úrsula, virg. márt. (Jaén, 21/10).

V

Valentín de Berrio Ochoa
Valentín y Engracia (Segovia, 26/10).
Valerio, ob. (Lérida, 28/1).
Valero, ob. (Valencia, Zaragoza, 29/1).
Veremundo de Irache, ab. (Pamplona, 8/3).
Vicente, diác. márt. (Valencia, 22/1).
Vicente Ferrer, presb. (Valencia, 5/4).
Vicenta María López Vicuña, virg. (Madrid, 18/1; Bilbao, Pamplona, San Sebastián, 25/5).
Vicente, Sabina y Cristeta, márt. (Burgos, 27/10).
Vicente Ramino y comp. márts. (León, 11/9).
Victoria, virg. márt. (Burgos, 10/11).
Victorián, ab. (Barbastro, 12/1).

W - Z

Walabonso, diác. márt. (Huelva, 7/6).
Zoilo, márt. (Córdoba, Palencia, 27/6).

JORNADAS NACIONALES

Epifanía del Señor	Misiones de África
Penúltimo domingo de enero	Infancia misionera
Segundo domingo de febrero	Campaña contra el hambre
Primer domingo de marzo	Día de Hispanoamérica
San José	Día del Seminario
Jueves Santo	Día del amor fraterno
Viernes Santo	Santos Lugares
Primer domingo de mayo	Clero indígena
Pentecostés	Apostolado seglar
Santísimo Cuerpo y Sangre de Cristo	Día de caridad
Domingo anterior o posterior a san Pedro y san Pablo	Óbolo de San Pedro
Penúltimo domingo del tiempo ordinario	Iglesia en España
Sagrada Familia: Jesús, María y José	Día de la familia

JORNADAS MUNDIALES

1 de enero	Jornada de oración por la paz
18-25 de enero	Semana de oración por la unidad de los cristianos
Cuarto domingo de Pascua	Jornada de oración por las vocaciones de especial consagración
Ascensión del Señor	Día de los medios de comunicación social
Penúltimo domingo de octubre	Domund

TABLA TEMPORAL 2025-2026

CELEBRACIONES MOVIBLES

Domingo I de Adviento	30 de noviembre de 2024
Sagrada Familia: Jesús, María y José	29 de diciembre de 2024
Bautismo del Señor	12 de enero de 2025
Miércoles de Ceniza	5 de marzo de 2025
Domingo I de Cuaresma	9 de marzo de 2025
Pascua de Resurrección	20 de abril de 2025
Ascensión del Señor	1 de junio de 2025 (domingo)
Domingo de Pentecostés	8 de junio de 2025
Jesucristo, Sumo y Eterno Sacerdote	8 de junio de 2025
Smo. Cuerpo y Sangre de Cristo	22 de junio de 2025 (domingo)
Sagrado Corazón de Jesús	8 de junio de 2025
Jesucristo, Rey del universo	8 de junio de 2025

SEMANAS DURANTE EL AÑO

(Tiempo Ordinario)

Antes de Cuaresma:
ocho hasta el día 4 de marzo de 2025.

Después del Tiempo Pascual:
la décima comienza a partir del 9 de junio de 2025.

TABLA TEMPORAL DE LAS PRINCIPALES

Año	Ciclo dominical	Ceniza	Pascua	Ascensión	Pentecostés
2024*	B-C	14 feb.	31 mar.	9 may.	19 may.
2025	C-A	5 mar.	20 abr.	29 may.	8 jun.
2026	A-B	18 feb.	5 abr.	14 may.	24 may.
2027	B-C	10 feb.	28 mar.	6 may.	16 may.
2028*	C-A	1 mar.	16 abr.	25 may.	4 jun.
2029	A-B	14 feb.	1 abr.	10 may.	20 may.
2030	B-C	6 mar.	21 abr.	30 may.	9 jun.
2031	C-A	26 feb.	13 abr.	22 may.	1 jun.
2032*	A-B	11 feb.	28 mar.	6 may.	16 may.
2033	B-C	2 mar.	17 abr.	29 may.	5 jun.
2034	C-A	22 feb.	9 abr.	21 may.	28 may.
2035	A-B	7 feb.	25 mar.	6 may.	13 may.
2036*	B-C	27 feb.	13 abr.	25 may.	1 jun.
2037	C-A	18 feb	5 abr.	17 may.	24 may.
2038	A-B	10 mar.	25 abr.	6 jun.	13 jun.
2039	B-C	23 feb.	10 abr.	22 may.	29 may.
2040*	C-A	15 feb.	1 abr.	13 may.	20 may.
2041	A-B	6 mar.	21 abr.	2 jun.	9 jun.
2042	B-C	19 feb.	6 abr.	25 may.	1 jun.
2043	C-A	11 feb.	29 mar.	10 may.	17 may.
2044*	A-B	2 mar.	17 abr.	29 may.	5 jun.
2045	B-C	15 feb.	2 abr.	14 may.	21 may.

* Año bisiesto

CELEBRACIONES DEL AÑO LITÚRGICO

Cuerpo y Sangre de Cristo	Semanas del Tiempo Ordinario				Primer domingo de Adviento
	Antes de Cuaresma		Después del T. P.		
	Hasta el día	semana	Desde el día	semana	
2 jun.	13 feb.	6	20 may.	7	1 dic.
22 jun.	4 mar.	8	9 jun.	10	30 nov.
7 jun.	17 feb.	6	25 may.	8	29 nov.
30 may.	9 feb.	5	17 may.	7	28 nov.
18 jun.	29 feb.	8	5 jun.	9	3 dic.
3 jun.	13 feb.	6	21 may.	7	2 dic
23 jun.	5 mar.	8	10 jun.	10	1 dic.
15 jun.	25 feb.	7	2 jun.	9	30 nov.
30 may.	10 feb.	5	17 may.	7	28 nov.
19 jun.	1 mar.	8	6 jun.	10	27 nov.
11 jun.	21 feb.	7	29 may.	8	3 dic.
27 may.	6 feb.	5	14 may.	6	2 dic.
15 jun.	26 feb.	7	2 jun.	9	30 nov.
7 jun.	17 feb.	6	25 may.	8	29 nov.
27 jun.	9 mar.	9	14 jun	11	28 nov.
12 jun.	22 feb.	7	30 may.	9	27 nov.
3 jun.	14 feb.	6	21 may.	7	2 dic.
23 jun.	5 mar.	8	10 jun.	10	1 dic.
15 jun.	18 feb.	6	2 jun.	9	30 nov.
31 may.	10 feb.	5	18 may.	7	29 nov.
19 jun.	1 mar.	8	6 jun.	10	27 nov.
4 jun.	14 feb.	6	22 may.	7	3 dic.

NUEVO AÑO LITÚRGICO

2024-2025

Ciclo dominical «C»

Lecturas feriales
correspondientes al año «impar»

NUEVO AÑO LITÚRGICO
Tiempo de Adviento
Ciclo «C». Año impar

Diciembre 2024

Primera semana de Adviento

1 Domingo

I ADVIENTO
Jr 33,14-16; Sal 24; 1 Tes 3,12-4,2;
Lc 21,25-28.34-36
Salterio I

Misas por:

2 Lunes

Feria
Is 2,1-5; Sal 121; Mt 8,5-11

Misas por:

3 Martes

San Francisco Javier
Is 11,1-10; Sal 71; Lc 10,21-24

Misas por:

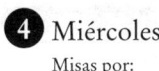

4 Miércoles

Misas por:

Feria o *San Juan Damasceno*
Is 25,6-10; Sal 22; Mt 15,29-37

5 Jueves

Misas por:

Feria
Is 26,1-6; Sal 117; Mt 7,21.24-27

6 Viernes

Misas por:

Feria o *San Nicolás*
Is 29,17-24; Sal 26; Mt 9,27-31

7 Sábado

Misas por:

San Ambrosio
Is 30,19-21.23-26; Sal 147;
Mt 9,35-10,1.6-8

8 Domingo

Misas por:

II Adviento
Bar 5,1-9; Sal 125; Flp 1,4-6.8-11; Lc 3,1-6
Salterio II
Feria o *San Dámaso*
Con el oportuno permiso
de la Congregación para el Culto Divino,
la solemnidad de la Inmaculada se puede
celebrar este domingo si coincide con él
y lo solicita la Conferencia Episcopal

9 Lunes

Misas por:

Inmaculada Concepción
de Santa María Virgen
(San Juan Diego Cuachtlatoatzin)
Gn 3,9-15.20; Sal 96; Ef 1,3-6.11-12;
Lc 1,26-38

10 Martes

Misas por:

Feria o *Santa Eulalia de Mérida*
Is 40,1-11; Sal 95; Mt 18,12-14

 **Miércoles**

Misas por:

Feria o *San Dámaso*
Is 40,25-31; Sal 102; Mt 11,28-30

 **Jueves**

Misas por:

Feria o *Virgen de Guadalupe*
Is 41,13-20; Sal 144; Mt 11,11-15

 **Viernes**

Misas por:

Santa Lucía
Is 48,17-19; Sal 1; Mt 11,16-19

 **Sábado**

Misas por:

San Juan de la Cruz
Eclo 48,1-4.9-11; Sal 79; Mt 17,10-13

 **15 Domingo**

Misas por:

III Adviento *Gaudete*
Is 61,1-2a.10-11; Sal Lc 1,46-50.53-54;
1 Tes 5,16-24; Jn 1,6-8.19-28
Salterio III

 **16 Lunes**

Misas por:

Feria
Nm 24,2-7.15-17; Sal 24; Mt 21,23-27

 **17 Martes**

Misas por:

Feria mayor
Gn 49,1-2.8-10; Sal 71; Mt 1,1-17

18 Miércoles

Misas por:

Feria mayor
Jr 23,5-8; Sal 71; Mt 1,18-24

---

19 Jueves

Misas por:

Feria mayor
Jue 13,2-7.24-25; Sal 70; Lc 1,5-25

---

20 Viernes

Misas por:

Feria mayor
Is 7,10-14; Sal 23; Lc 1,26-38

---

21 Sábado

Misas por:

Feria mayor *(San Pedro Canisio)*
Cant 2,8-14 o Sof 3,14-18,
Sal 32; Lc 1,39-45

Cuarta semana de Adviento

 **Domingo**

Misas por:

IV Adviento
Miq 5,1-4a; Sal 79; Heb 10,5-10;
Lc 1,39-45
Salterio IV

Comienza el Tiempo de Navidad

Vigilia: Is 62,1-5; Sal 88; Hch 13,16-17.22-25; Mt 1,1-25

 **Lunes**

Misas por:

Feria mayor (*San Juan de Kety*)
Mal 3,1-4.23-24; Sal 24; Lc 1,57-66

 **Martes**

Misas por:

Feria mayor
2 Sam 7,1-5.8-11.16; Sal 88; Lc 1,67-79

 **25** Miércoles

NATIVIDAD DEL SEÑOR

Misas por:

Medianoche: Is 9,1-6; Sal 95; Tit 2,11-14; Lc 2,1-14
Aurora: Is 62,11-12; Sal 96; Tit 3,4-7; Lc 2,15-20
Día: Is 52,7-10; Sal 97; Heb 1-1-6; Jn 1,1-18 o 1-5.9-14

 **26** Jueves

SAN ESTEBAN, PROTOMÁRTIR
Hch 6,8-10; 7,54-60; Sal 30; Mt 10,17-22

Misas por:

 **27** Viernes

SAN JUAN, APÓSTOL Y EVANGELISTA
1 Jn 1,1-4; Sal 96; Jn 20,2-8

Misas por:

 **28** Sábado

LOS SANTOS INOCENTES
1 Jn 1,5-2,2; Sal 123; Mt 2,13-18

Misas por:

 **Domingo**

Misas por:

SAGRADA FAMILIA: JESÚS, MARÍA Y JOSÉ
(Santo Tomás Becket)
Eclo 3,2-6.12-14; Sal 127;
Col 3,12-21; Lc 2,41-52
Salterio I

 **Lunes**

Misas por:

6º día de la octava de Navidad
1 Jn 2,12-17; Sal 95; Lc 2,36-40

 **Martes**

Misas por:

7º día de la octava de Navidad
(San Silvestre I)
1 Jn 2,18-21; Sal 95; Jn 1,1-18

1 **Miércoles**

SANTA MARÍA, MADRE DE DIOS
Nm 6,22-27; Sal 66; Gál 4,4-7; Lc 2,16-21

Misas por:

2 Jueves

San Basilio y San Gregorio Nacianceno
1 Jn 2,22-28; Sal 97; Jn 1,19-28

Misas por:

3 Viernes

Feria o *Santísimo Nombre de Jesús*
1 Jn 2,29-36;
Sal 97; Jn 1,29-34

Misas por:

4 Sábado

Feria
1 Jn 3,7-10; Sal 97; Jn 1,35-42

Misas por:

5 Domingo

Misas por:

II NAVIDAD
Eclo 24,1-2.8-12; Sal
147; Ef 1,3-6.15-18; Jn 1,1-18
Salterio II

6 Lunes

Misas por:

EPIFANÍA DEL SEÑOR
Is 60,1-6; Sal 71; Ef 3,2-3a.5-6; Mt 2,1-12

7 Martes

Misas por:

Feria o *San Raimundo de Peñafort*
1 Jn 3,22-4,6; Sal 2; Mt 4,12-17.23-25

8 Miércoles

Misas por:

Feria
1 Jn 4,7-10; Sal 71; Mc 6,34-44

---

9 Jueves

Misas por:

Feria o *San Eulogio de Córdoba*
1 Jn 4,11-18; Sal 71; Mc 6,45-52

---

10 Viernes

Misas por:

Feria
1 Jn 4,19-5,4; Sal 71; Lc 4,14-22a

---

11 Sábado

Misas por:

Feria
1 Jn 5,5-13; Sal 147; Lc 5,12-16

Primera semana del Tiempo Ordinario

12 Domingo

Misas por:

BAUTISMO DEL SEÑOR
Is 42,1-4.6-7; Sal 28;
Hch 10,34-38; Lc 3,15-16.21-22
Salterio I

Termina el Tiempo de Navidad
y comienza el Tiempo Ordinario (año impar)

13 Lunes

Misas por:

Feria o *San Hilario*
Heb 1,1-6; Sal 96; Mc 1,14-20

14 Martes

Misas por:

Feria
Heb 2,5-12; Sal 8; Mc 1,21b-28

 **15** Miércoles

Feria
1 Sam 3,1-10.19-20; Sal 39; Mc 1,29-39

Misas por:

 **16** Jueves

Feria
1 Sam 4,1-11; Sal 43; Mc 1,40-45

Misas por:

 **17** Viernes

San Antonio, abad
1 Sam 8,4-7.10-22a; Sal 88; Mc 2,1-12

Misas por:

 **18** Sábado

Feria
Heb 4,12-16; Sal 18; Mc 2,13-17

Misas por:

19 Domingo

II Tiempo Ordinario
Is 62,1-5; Sal 95; 1 Cor 12,4-11; Jn 2,1-11
Salterio II

Misas por:

20 Lunes

Feria o *Santos Fructuoso, Eulogio y Augurio, San Fabián, San Sebastián*
Heb 5,1-10; Sal 109; Mc 2,18-22

Misas por:

21 Martes

Santa Inés
Heb 6,10-20; Sal 110; Mc 2,23-28

Misas por:

22 Miércoles

San Vicente
Heb 7,1-3.15-17; Sal 109; Mc 3,1-6

Misas por:

---

23 Jueves

San Ildefonso
Heb 7,25-8,6; Sal 39; Mc 3,7-12

Misas por:

---

24 Viernes

San Francisco de Sales
Heb 8,6-13; Sal 84; Mc 3,13-19

Misas por:

---

25 Sábado

CONVERSIÓN DE SAN PABLO
Hch 22,3-16 o 9,1-22; Sal 116;
Mc 16,15-18

Misas por:

26 Domingo

Misas por:

III Tiempo Ordinario
(San Timoteo y San Tito)
Neh 8,2-4a.5-6.8-10; Sal 18;
1 Cor 12,12-30; Lc 1,1-4; 4,14-21
Salterio III

27 Lunes

Misas por:

Feria o *Santa Ángela de Mérici*
Heb 9,15.24-28; Sal 97; Mc 3,22-30

28 Martes

Misas por:

Santo Tomás de Aquino
Heb 10,1-10; Sal 39; Mc 3,31-35

29 Miércoles

Feria
Heb 10,11-18; Sal 109; Mc 4,1-20

Misas por:

---

30 Jueves

Feria
Heb 10,19-25; Sal 23; Mc 4,21-25

Misas por:

---

31 Viernes

San Juan Bosco
Heb 10,32-39; Sal 36; Mc 4,26-34

Misas por:

---

1 Sábado

Feria
Heb 11,1-2.8-19;
Sal: Lc 1,69-75; Mc 4,35-40

Misas por:

---

2 Domingo

PRESENTACIÓN DEL SEÑOR
(IV TIEMPO ORDINARIO)
Mal 3,1-4; Sal 23; Heb 2,14-18; Lc 2,22-40
Salterio IV

Misas por:

3 Lunes

Feria o *San Blas*
Heb 11,32-40; Sal 30; Mc 5,1-20

Misas por:

4 Martes

Feria
Heb 12,1-4; Sal 21; Mc 5,21-43

Misas por:

5 Miércoles
Misas por:

Santa Águeda
Heb 12,4-7.11-15; Sal 102; Mc 6,1-6

---

6 Jueves
Misas por:

San Pablo Miki y comps. márts.
Heb 12,18-19.21-24; Sal 47; Mc 6,7-13

---

7 Viernes
Misas por:

Feria
Heb 13,1-8; Sal 26; Mc 6,14-29

---

8 Sábado
Misas por:

Feria o *San Jerónimo Emiliani* o *Santa Josefina Bakhita*
Heb 13,15-17.20-21; Sal 22; Mc 6,30-34

Quinta semana del Tiempo Ordinario

 **9** Domingo

Misas por:

V TIEMPO ORDINARIO
Is 6,1-2a.3-8; Sal 137;
1 Cor 15,1-11; Lc 5,1-11
Salterio I

 **10** Lunes

Misas por:

Santa Escolástica
Gn 1,1-19; Sal 103; Mc 6,53-56

 **11** Martes

Misas por:

Feria o *Nuestra Señora de Lourdes*
Gn 1,20-2,4; Sal 8; Mc 7,1-13

12 Miércoles
Misas por:

Feria
Gn 2,4b-9.15-17; Sal 103;
Mc 7,14-23

13 Jueves
Misas por:

Feria
Gn 2,18-25; Sal 127; Mc 7,24-30

14 Viernes
Misas por:

SAN CIRILO Y SAN METODIO
Hch 13,46-49; Sal 116; Lc 10,1-9

15 Sábado
Misas por:

Feria
Gn 3,9-24; Sal 89; Mc 8,1-10

 **Domingo**

Misas por:

VI Tiempo Ordinario
Jr 17,5-8; Sal 1; 1 Cor 15,12.16-20;
Lc 6,17.20-26
Salterio II

 **Lunes**

Misas por:

Feria o *Los siete fundadores
de la Orden de los Siervos
de la Virgen*
Gn 4,1-15.25; Sal 49; Mc 8,11-13

 **Martes**

Misas por:

Feria
Gn 6,5-8; 7,1-5.10; Sal 28; Mc 8,14-21

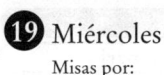 **Miércoles**
Misas por:

Feria
Gn 8,6-13.20-22; Sal 115; Mc 8,22-26

 **Jueves**
Misas por:

Feria
Gn 9,1-13; Sal 101;
Mc 8,27-33

 **Viernes**
Misas por:

Feria o *San Pedro Damiani*
Gn 11,1-9; Sal 32; Mc 8,34-9,1

 **Sábado**
Misas por:

Cátedra del apóstol San Pedro
1 Pe 5,1-4; Sal 22; Mt 16,13-19

23 Domingo

Misas por:

VII Tiempo Ordinario
(San Policarpo)
1 Sam 26,2.7-9.12-13.22-23;
Sal 102; 1 Cor 15,45-49; Lc 6,27-38
Salterio III

24 Lunes

Misas por:

Feria
Eclo 1,1-10; Sal 92; Mc 9,14-29

25 Martes

Misas por:

Feria
Eclo 2,1-11; Sal 36; Mc 9,30-37

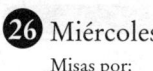 **26** Miércoles

Feria
Eclo 4,11-19; Sal 118; Mc 9,38-40

Misas por:

 **27** Jueves

Feria o *San Gregorio de Narek*
Eclo 5,1-8; Sal 1; Mc 9,41-50

Misas por:

 **28** Viernes

Feria
Eclo 6,5-17; Sal 118; Mc 10,1-12

Misas por:

 **1** Sábado

Feria
Eclo 17,1-15; Sal 102; Mc 10,13-16

Misas por:

Octava semana del Tiempo Ordinario

2 Domingo

VIII Tiempo Ordinario
Eclo 27,4-7; Sal 91;
1 Cor 15,54-58; Lc 6,39-45
Salterio IV

Misas por:

---

3 Lunes

Feria
Eclo 17,24-29; Sal 31; Mc 10,17-27

Misas por:

---

4 Martes

Feria o *San Casimiro*
Eclo 35,1-12; Sal 49; Mc 10,28-31

Misas por:

Termina la primera parte del Tiempo
Ordinario y comienza la Cuaresma

5 Miércoles
Misas por:

de Ceniza
Jl 2,12-18; Sal 50;
2 Cor 5,20-6,2; Mt 6,1-6.16-18

---

6 Jueves
Misas por:

después de Ceniza
Dt 30,15-20; Sal 1; Lc 9,22-25

---

7 Viernes
Misas por:

después de Ceniza
(Santas Perpetua y Felicidad)
Is 58,1-9; Sal 50; Mt 9,14-15

---

8 Sábado
Misas por:

después de de Ceniza *(San Juan de Dios)*
Is 58,9-14; Sal 85; Lc 5,27-32

Primera semana de Cuaresma

 **9 Domingo**

Misas por:

I CUARESMA
(Santa Francisca Romana)
Dt 26,4-10; Sal 90; Rom 10,8-13;
Lc 4,1-13
Salterio I

 **10 Lunes**

Misas por:

Feria
Lv 19,1-2.11-18, Sal 18; Mt 25,31-46

 **11 Martes**

Misas por:

Feria
Is 55,10-11; Sal 33; Mt 6,7-15

12 Miércoles

Misas por:

Feria
Jon 3,1-10; Sal 50; Lc 11,29-32

13 Jueves

Misas por:

Feria
Est 14,1.3-5.12-14; Sal 137; Mt 7,7-12

14 Viernes

Misas por:

Feria
Ez 18,21-28; Sal 129; Mt 5,20-26

15 Sábado

Misas por:

Feria
Dt 26,16-19; Sal 118; Mt 5,43-48

Segunda semana de Cuaresma

16 Domingo

Misas por:

II Cuaresma
Gn 15,5-12.17-18; Sal 26;
Flp 3,17-4,1; Lc 9,28b-36
Salterio II

---

17 Lunes

Misas por:

Feria o *San Patricio*
Dn 9,4b-10; Sal 78; Lc 6,36-38

---

18 Martes

Misas por:

Feria o *San Cirilo de Jerusalén*
Is 1,10.16-20; Sal 49; Mt 23,1-12

 **Miércoles**

Misas por:

SAN JOSÉ, ESPOSO DE LA
BIENAVENTURADA VIRGEN MARÍA
2 Sam 7,4-5a.12-14a.16; Sal 87;
Rom 4,13.16-18.22; Mt 1,16.18-21.24a

20 Jueves

Misas por:

Feria
Jr 17,5-10; Sal 1; Lc 16,19-31

21 Viernes

Misas por:

Feria
Gn 37,3-4.12-13.17-28; Sal 104;
Mt 21,33-43.45-46

22 Sábado

Misas por:

Feria
Miq 7,14-15.18-20; Sal 102;
Lc 15,1-3.11-32

23 Domingo

Misas por:

III Cuaresma
(Santo Toribio de Mogrovejo)
Ex 3,1-8a.13-15; Sal 102;
1 Cor 10,1-6.10-12; Lc 13,1-9
Salterio III

24 Lunes

Misas por:

Feria
2 Re 5,1-15a; Sal 41; Lc 4,24-30

25 Martes

Misas por:

Anunciación del Señor
Is 7,10-14; 8,10; Sal 39;
Heb 10,4-10; Lc 1,26-38

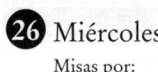 **26** Miércoles

Misas por:

Feria
Dt 4,1.5-9; Sal 147;
Mt 5,17-19

 **27** Jueves

Misas por:

Feria
Jr 7,23-28; Sal 94; Lc 11,14-23

 **28** Viernes

Feria
Os 14,2-10; Sal 80; Mc 12,28-34

 **29** Sábado

Misas por:

Feria
Os 6,1-6; Sal 50; Lc 18,9-14

Cuarta semana de Cuaresma

 **Domingo**
Misas por:

IV CUARESMA *LAETARE*
Jos 5,9a.10-12; Sal 33;
2 Cor 5,17-21; Lc 15,1-3.11-32
Salterio IV

 **Lunes**
Misas por:

Feria
Is 65,17-21; Sal 29; Jn 4,43-54

1 Martes
Misas por:

Feria
Ez 47,1-9.12; Sal 45; Jn 5,1-16

 **Miércoles**

Misas por:

Feria o *San Francisco de Paula*
Is 49,8-15; Sal 144; Jn 5,17-30

---

3 Jueves

Misas por:

Feria
Ex 32,7-14; Sal 105; Jn 5,31-47

---

4 Viernes

Misas por:

Feria
Sab 2,1.12-22; Sal 33; Jn 7,1-2.10.25-30

---

5 Sábado

Misas por:

Feria o *San Vicente Ferrer*
Jr 11,18-20; Sal 7; Jn 7,40-53

6 Domingo

Misas por:

V Cuaresma
Is 43,16-21; Sal 125; Flp 3,8-14; Jn 8,1-11
Salterio I

7 Lunes

Misas por:

San Juan Bautista de La Salle
Dn 13,1-9.15-17.19-30.33-62;
Sal 22; Jn 8,12-20

---

8 Martes

Misas por:

Feria
Nm 21,4-9; Sal 101; Jn 8,21-30

9 Miércoles

Misas por:

Feria
Dn 3,14-20.91-92.95;
Sal: Dn 3,52-56; Jn 8,31-42

10 Jueves

Misas por:

Feria
Gn 17,3-9, Sal 104; Jn 8,51-5

11 Viernes

Misas por:

San Estanislao
Jr 20,10-13; Sal 17; Jn 10,31-42

12 Sábado

Misas por:

Feria
Ez 37,21-28; Sal Jr 31,10-13; Jn 11,45-57

 **Domingo**

Misas por:

de Ramos en la Pasión del Señor
(San Martín I, San Hermenegildo)
Procesión: Lc 19,28-40
Misa: Is 50,4-7; Sal 21; Flp 2,6-11;
Lc 22,14-23,56
Salterio II

 **Lunes Santo**

Misas por:

Feria
Is 42,1-7; Sal 26; Jn 12,1-11

15 **Martes Santo**

Misas por:

Feria
s 49,1-6; Sal 70; Jn 13,21-33.36-38

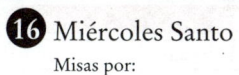 **Miércoles Santo**

Misas por:

Feria
Is 50,4-9; Sal 68; Mt 26,14-25

 Jueves Santo

Misas por:

EN LA CENA DEL SEÑOR
Ex 12,1-8.11-14; Sal 115;
1 Cor 11,23-26; Jn 13,1-15

Con la misa vespertina comienza el Triduo pascual

Viernes Santo

EN LA PASIÓN DEL SEÑOR
Is 52,13-53,12; Sal 30;
Heb 4,14-16; 5,7-9; Jn 18,1-19,42

19 Sábado Santo

Misas por:

VIGILIA PASCUAL EN LA NOCHE SANTA
Gn 1,1-2,2; Sal 103 o 32;
Gn 22,1-18; Sal 15; Ex 14,15-15,1;
Sal: Ex 15,1-6.17-18; Is 54,5-14;
Sal 29; Is 55,1-11; Sal: Is 12,2-6;
Bar 3,9-15.32; 4,4; Sal 18; Ez 36,16-28;
Sal 41 o 50; Rom 6,3-11; Sal 117;
Lc 24,1-12

Primera semana de Pascua

 **20** Domingo

Misas por:

PASCUA DE LA RESURRECCIÓN DEL SEÑOR
Hch 10,34a.37-43; Sal 117;
Col 3,1-4 o 1 Cor 5,6b-8; Jn 20,1-9
Salterio I

 **21** Lunes

Misas por:

de la octava de Pascua *(San Anselmo)*
Hch 2,14.22-32; Sal 15; Mt 28,8-15

 **22** Martes

Misas por:

de la octava de Pascua
Hch 2,36-41; Sal 32; Jn 20,11-18

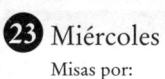 **Miércoles**

Misas por:

de la octava de Pascua
(San Jorge o San Adalberto)
Hch 3,1-10; Sal 104; Lc 24,13-35

 **Jueves**

Misas por:

de la octava de Pascua
(San Fidel de Sigmaringa)
Hch 3,11-26; Sal 8; Lc 24,35-48

 **Viernes**

Misas por:

de la octava de Pascua
(SAN MARCOS, EVANGELISTA)
Hch 4,1-12; Sal 117; Jn 21,1-14

 **Sábado**

Misas por:

de la octava de Pascua
(SAN ISIDORO)
Hch 4,13-21; Sal 117; Mc 16,9-15

Segunda semana de Pascua

 **27 Domingo**

Misas por:

II Pascua o de la Divina Misericordia
Hch 5,12-16; Sal 117;
Ap 1,9-11a.12-13.17-19; Jn 20,19-31
Salterio II

 **28 Lunes**

Misas por:

Feria o *San Pedro Chanel* o *San Luis
María Grignion de Monfort*
Hch 4,23-31; Sal 2; Jn 3,1-8

 **29 Martes**

Misas por:

Santa Catalina de Siena
1 Jn 1,5-2,2; Sal 102; Mt 11,25-30

 **30** Miércoles

Feria o *San Pío V*
Hch 5,17-26; Sal 33; Jn 3,16-21

Misas por:

---

1 Jueves

Feria o *San José Obrero*
Gn 1,26-2,3 o Col 3,14-15.17.23-24;
Sal 89; Mt 13,54-58

Misas por:

---

2 Viernes

San Atanasio
Hch 5,34-42; Sal 26; Jn 6,1-15

Misas por:

---

3 Sábado

SAN FELIPE Y SANTIAGO, APÓSTOLES
1 Cor 15,1-8; Sal 18; Jn 14,6-14

Misas por:

Tercera semana de Pascua

 **Domingo**

Misas por:

III Pascua
Hch 5,27b-32.40b-41; Sal 29;
Ap 5,11-14; Jn 21,1-19
Salterio III

5 Lunes

Misas por:

Feria
Hch 6,8-15; Sal 118; Jn 6,22-29

6 Martes

Misas por:

Feria
Hch 7,51-8,1; Sal 30; Jn 6,30-35

7 Miércoles
Feria
Hch 8,1-8; Sal 65; Jn 6,35-40

Misas por:

8 Jueves
Feria
Hch 8,26-40; Sal 65; Jn 6,44-51

Misas por:

9 Viernes
Feria
Hch 9,1-20; Sal 116; Jn 6,52-59

Misas por:

10 Sábado
San Juan de Ávila
Hch 9,31-42; Sal 115; Jn 6,60-69

Misas por:

Cuarta semana de Pascua

11 Domingo

Misas por:

IV Pascua
Hch 13,14.43-52; Sal 99;
Ap 7,9.14b-17; Jn 10,27-30
Salterio IV

12 Lunes

Feria o *San Nereo y San Aquiles, San Pancracio*
Hch 11,1-18; Sal 41; Jn 10, 1-10

Misas por:

13 Martes

Feria o *Bienaventurada Virgen de Fátima*
Hch 11,19-26; Sal 86; Jn 10,22-30

Misas por:

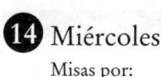 **14** Miércoles

SAN MATÍAS, APÓSTOL
Hch 1,15-17.20-26; Sal 112; Jn 15,9-17

Misas por:

---

15 Jueves

San Isidro
Hch 13,13-25; Sal 88; Jn 13,16-20

Misas por:

---

16 Viernes

Feria
Hch 13,26-33; Sal 2; Jn 14,1-6

Misas por:

---

17 Sábado

Feria o *San Pascual Bailón*
Hch 13,44-52; Sal 97; Jn 14,7-14

Misas por:

 **18** Domingo

Misas por:

V PASCUA
(San Juan I)
Hch 14,21b-27; Sal 144;
Ap 21,1-5a; Jn 13,31-33a.34-35
Salterio I

 **19** Lunes

Misas por:

Feria
Hch 14,5-18; Sal 114; Jn 14,21-26

 **20** Martes

Misas por:

Feria o *San Bernardino de Siena*
Hch 14,19-28; Sal 144; Jn 14,27-31a

21 Miércoles
Misas por:

Feria o *San Cristóbal Magallanes
y comps. márts.*
Hch 15,1-6; Sal 121; Jn 15,1-8

22 Jueves
Misas por:

Feria o *Santa Joaquina Vedruna
o Santa Rita de Casia*
Hch 15,7-21; Sal 95; Jn 15,9-11

23 Viernes
Misas por:

Feria
Hch 15,22-31; Sal 56; Jn 15,12-17

24 Sábado
Misas por:

Feria
Hch 16,1-10; Sal 99; Jn 15,18-21

 **Domingo**

Misas por:

VI Pascua
*(San Beda el Venerable, San Gregorio VII
y Santa María Magdalena de Pazzi)*
Hch 15,1-2.22-29; Sal 66;
Ap 21,10-14.22-23; Jn 14,23-29
Salterio II

 **Lunes**

Misas por:

San Felipe Neri
Hch 16,11-15; Sal 149; Jn 15,26-16,4a

 **Martes**

Misas por:

Feria o *San Agustín de Cantorbery*
Hch 16,22-34; Sal 137; Jn 16,5-11

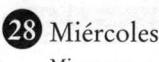 **Miércoles**

Feria
Hch 17,15.22-18,1; Sal 148; Jn 16,12-15

Misas por:

---

29 Jueves

Feria o *San Pablo VI*
Hch 18,1-8; Sal 97; Jn 16,16-20

Misas por:

---

30 Viernes

Feria o *San Fernando*
Hch 18,9-18; Sal 46; Jn 16,20-23a

Misas por:

---

31 Sábado

VISITACIÓN DE LA VIRGEN MARÍA
Sof 3,14-18 o Rom 12,9-16b;
Sal: Is 12,2-6; Lc 1,39-56

Misas por:

Séptima semana de Pascua

1 Domingo

Misas por:

ASCENSIÓN DE L SEÑOR
(San Justino)
Hch 1,1-11; Sal 46; Ef 1,17-23; Lc 24,46-53
Salterio III

2 Lunes

Misas por:

Feria o *San Marcelino y San Pedro*
Hch 19,1-8; Sal 67; Jn 16,29-33

3 Martes

Misas por:

**San Carlos Luanga
y comps. márts.**
Hch 20,17-27; Sal 67; Jn 17,1-11a

4 Miércoles
Misas por:

---

5 Jueves
Misas por:

---

6 Viernes
Misas por:

---

7 Sábado
Misas por:

Décima semana del Tiempo Ordinario

 **Domingo**

Misas por:

PENTECOSTÉS
Hch 2,1-11; Sal 103;
1 Cor 12,3b-7.12-13; Jn 20,19-23
Salterio IV

Termina el Tiempo Pascual
y se reanuda el Tiempo Ordinario en la semana X

 **Lunes**

Misas por:

Bienaventurada Virgen María,
Madre de la Iglesia
(San Efrén)
Gn 3,9-15.20 o Hch 1,12-14;
Sal 86; Jn 19,25-34

10 Martes

Misas por:

Feria
2 Cor 1,18-22; Sal 118; Mt 5,13-16

11 Miércoles

Misas por:

San Bernabé
Hch 11,21b-26; 13,1-3;
Sal 97; Mt 10,7-13

---

12 Jueves

Misas por:

JESUCRISTO, SUMO Y ETERNO SACERDOTE
Is 6,1-4.8 o Heb 2,10-18;
Sal 109; Jn 17,1-2.9.14-26

---

13 Viernes

Misas por:

San Antonio de Padua
2 Cor 4,7-15; Sal 115; Mt 5,27-32

---

14 Sábado

Misas por:

Feria
2 Cor 5,14-21; Sal 102; Mt 5,33-37

Undécima semana del Tiempo Ordinario

 **15** Domingo

Misas por:

SANTÍSIMA TRINIDAD
*(Santa María Micaela
del Santísimo Sacramento)*
Prov 8,22-31; Sal 8; Rom 5,1-5; Jn 16,12-15
Salterio III

 **16** Lunes

Misas por:

Feria
2 Cor 6,1-10; Sal 97; Mt 5,38-42

 **17** Martes

Misas por:

Feria
2 Cor 8,1-9; Sal 145; Mt 5,43-48

---

18 Miércoles

Feria
2 Cor 9,6-11; Sal 111; Mt 6,1-6.16-18

Misas por:

---

19 Jueves

Feria o *San Romualdo*
2 Cor 11,1-11; Sal 110; Mt 6,7-15

Misas por:

---

20 Viernes

Feria
2 Cor 11,18.21-30; Sal 33; Mt 6,19-23

Misas por:

---

21 Sábado

San Luis Gonzaga
2 Cor 12,1-10; Sal 33; Mt 6,24-34

Misas por:

Duodécima semana del Tiempo Ordinario

 **22 Domingo**

Misas por:

Corpus Christi
(San Paulino de Nola, San Juan Fisher
y Santo Tomás Moro)
Gn 14,18-20; Sal 109;
1 Cor 11,23-26; Lc 9,11b-17
Salterio IV

 **23 Lunes**

Misas por:

Feria
Gn 12,1-9; Sal 32; Mt 7,1-5
Vigilia: Jr 1,4-10; Sal 70;
1 Pe 1,8-12; Lc 1,5-17

 **24 Martes**

Misas por:

Natividad de San Juan Bautista
Is 49,1-6; Sal 138; Hch 13,22-26;
Lc 1,57-66.80

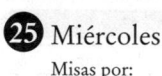 **Miércoles**
Misas por:

Feria
Gn 15,1-12.17-18; Sal 104; Mt 7,15-20

 **Jueves**
Misas por:

Feria o *San Pelayo*
Gn 16,1-12.15-16; Sal 105; Mt 7,21-29

 **Viernes**
Misas por:

Sagrado Corazón de Jesús
(San Cirilo de Alejandría)
Ez 34,11-16; Sal 22; Rom 5,5b-11;
Lc 15,3-7

 **Sábado**
Misas por:

**Inmaculado Corazón de María
(San Ireneo)**
1 Re 18,41-46; Sal 102; Lc 2,41-51

Vigilia: Hch 3,1-10; Sal 18;
Gál 1,11-20; Jn 21,15-19

Decimotercera semana del Tiempo Ordinario

 **Domingo**

Misas por:

SAN PEDRO Y SAN PABLO, APÓSTOLES
(XIII TIEMPO ORDINARIO)
Hch 12,1-11; Sal 33;
2 Tim 4,6-8.17-18; Mt 16,13-19
Salterio I

 **Lunes**

Misas por:

Feria o *Santos protomártires de la santa*
Iglesia romana
Gn 18,16-33; Sal 102; Mt 8,18-22

 **Martes**

Misas por:

Feria
Gn 19,15-29; Sal 25; Mt 8,23-27

2 Miércoles
Misas por:

Feria
Gn 21,5.8-20; Sal 33; Mt 8,28-34

3 Jueves
Misas por:

SANTO TOMÁS, APÓSTOL
Ef 2,19-22; Sal 116; Jn 20,24-29

4 Viernes
Misas por:

Feria o *Santa Isabel de Portugal*
Gn 23,1-4.19; 24,1-8.62-67;
Sal 105; Mt 9,9-13

5 Sábado
Misas por:

Feria o *San Antonio María Zaccaría*
Gn 27,1-5.15-29; Sal 134; Mt 9,14-17

6 Domingo

Misas por:

XIV TIEMPO ORDINARIO
(Santa María Goretti)
Is 66,10-14c; Sal 65; Gál 6,14-18;
Lc 10,1-12.17-20
Salterio II

7 Lunes

Misas por:

Feria
Gn 28,10-22; Sal 90; Mt 9,18-26

8 Martes

Misas por:

Feria
Gn 32,23-33; Sal 16; Mt 9,32-38

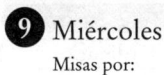 **Miércoles**

Misas por:

Feria o *San Agustín Zhao Rong*
y comps. márts.
Gn 41,55-57; 42,5-7.17-24;
Sal 32; Mt 10,1-7

 **Jueves**

Misas por:

Feria
Gn 44,18-21.23b-29; 45,1-5;
Sal 104; Mt 10,7-15

 **Viernes**

Misas por:

SAN BENITO, PATRONO DE EUROPA
Prov 2,1-9; Sal 33; Mt 19,27-29

 **Sábado**

Misas por:

Feria
Gn 49,29-33; 50,15-24;
Sal 104; Mt 10,24-33

Decimoquinta semana del Tiempo Ordinario

 **13** Domingo

Misas por:

XV Tiempo Ordinario
(San Enrique)
Dt 30,10-14; Sal 68; Col 1,15-20;
Lc 10,25-37
Salterio III

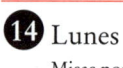 **14** Lunes

Misas por:

Feria o *San Camilo de Lelis*
Ex 1,8-14.22; Sal 123; Mt 10,34-11,1

 **15** Martes

Misas por:

San Buenaventura
Ex 2,1-15a; Sal 68; Mt 11,20-24

 **16** Miércoles

Nuestra Señora del Carmen
Ex 3,1-6.9-12; Sal 102; Mt 11,25-27

Misas por:

---

17 Jueves

Feria
Ex 3,11-20; Sal 104; Mt 11,28-30

Misas por:

---

18 Viernes

Feria
Ex 11,10-12,14; Sal 115; Mt 12,1-8

Misas por:

 **19** Sábado

Feria
Ex 12,37-42; Sal 135; Mt 12,14-21

Misas por:

Decimosexta semana del Tiempo Ordinario

 **Domingo**

Misas por:

XVI Tiempo Ordinario
(San Apolinar)
Gn 18,1-10a; Sal 14;
Col 1,24-28; Lc 10,38-42
Salterio IV

 **Lunes**

Misas por:

Feria o *San Lorenzo de Brindis*
Ex 14,5-18; Sal: Ex 15,1-6; Mt 12,38-42

 **Martes**

Misas por:

Santa María Magdalena
Cant 3,1-4a; 2 Cor 5,14-17;
Sal 62; Jn 20,1.11-18

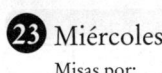 **23** Miércoles
Misas por:

SANTA BRÍGIDA, PATRONA DE EUROPA
Gál 2,19-20; Sal 33; Jn 15,1-8

 **24** Jueves
Misas por:

Feria o *San Sarbelio Makhluf*
Ex 19,1-2.9-11.16-20b;
Sal: Dn 3,52-56; Mt 13,10-17

 **25** Viernes
Misas por:

SANTIAGO, APÓSTOL, PATRONO ES ESPAÑA
Hch 4,33; 5,12.27b-33; 12,1b;
Sal 66; 2 Cor 4,7-15; Mt 20,20-28

 **26** Sábado
Misas por:

San Joaquín y Santa Ana
Eclo 44,1.10-15; Sal 131; Mt 13,16-17

Decimoséptima semana del Tiempo Ordinario

 **27 Domingo**

XVII Tiempo Ordinario
Gn 18,20-32; Sal 137;
Salterio I

Misas por:

 **28 Lunes**

Feria
Ex 32,15-24.30-34; Sal 105; Mt 13,31-35

Misas por:

29 Martes

Santos Marta, María y Lázaro
1 Jn 4,7-16; Sal 33; Jn 11,19-27

Misas por:

30 Miércoles

Misas por:

Feria o *San Pedro Crisólogo*
Ex 34,29-35; Sal 98; Mt 13,44-46

31 Jueves

Misas por:

San Ignacio de Loyola
Ex 40,16-21.34-38; Sal 83; Mt 13,47-53

1 Viernes

Misas por:

San Alfonso María de Ligorio
Lv 23,1.4-11.15-16.27.34-37;
Sal 80; Mt 13,54-58

2 Sábado

Misas por:

Feria o *San Eusebio de Vercelli,*
San Julián Eymard
Lv 25,1.8-17; Sal 66; Mt 14,1-12

 **Domingo**

Misas por:

XVIII Tiempo Ordinario
Ecle 1,2; 2,21-23; Sal 89; Col 3,1-5.9-11;
Lc 12,13-21
Salterio II

 **Lunes**

Misas por:

San Juan María Vianney
Nm 11,4-15; Sal 80; Mt 14,13-21

5 Martes

Misas por:

Feria o *Dedicación de la basílica
de Santa María*
Nm 12,1-13; Sal 50; Mt 14,22-36

 **Miércoles**

Misas por:

Transfiguración del Señor
Dn 7,9-10.13-14; Sal 96; Lc 9,28b-36

 **Jueves**

Misas por:

Feria o *San Sixto II, San Cayetano*
Nm 20,1-13; Sal 94; Mt 16,13-23

8 Viernes

Misas por:

Santo Domingo de Guzmán
Dt 4,32-40; Sal 76; Mt 16,24-28

9 Sábado

Misas por:

Santa Teresa Benedicta de la Cruz,
patrona de Europa
Os 2,16b-17b.21-22; Sal 44; Mt 25,1-13

Decimonovena semana del Tiempo Ordinario

 **10** Domingo

Misas por:

XIX Tiempo Ordinario
(San lorenzo)
Sab 18,6-9; Sal 32;
Heb 11,1-2.8-19; Lc 12,32-48
Salterio III

11 Lunes

Misas por:

Santa Clara
Dt 10,12-22; Sal 147; Mt 17,22-27

12 Martes

Misas por:

Feria
Dt 31,1-8; Sal: Dt 32,3-4.7-9.12;
Mt 18,1-5.10.12-14

 **Miércoles**

Misas por:

Feria o *San Ponciano y San Hipólito*
Dt 34,1-12; Sal 65; Mt 18,15-20

 **Jueves**

Misas por:

San Maximiliano Kolbe
Jos 3,7-10a.11.13-17;
Sal 113; Mt 18,21-19,1

Vigilia: 1 Cr 15,3-4.15-16; 16,1-2; Sal 130;
1 Cor 15,54-57; Lc 11,27-28

 **Viernes**

Misas por:

Asunción de la Virgen María
Ap 11,19a; 12,1.3-6a.10ab;
Sal 44; 1 Cor 15,20-27a; Lc 1,39-56

 **Sábado**

Misas por:

Feria o *San Esteban de Hungría*
Jos 24,14-29; Sal 15; Mt 19,13-15

Vigésima semana del Tiempo Ordinario

 **17 Domingo**

XX Tiempo Ordinario
Jr 38,4-6.8-10; Sal 39;
Heb 12,1-4; Lc 12,49-53
Salterio IV

Misas por:

 **18 Lunes**

Feria
Jue 2,11-19; Sal 105; Mt 19,16-22

Misas por:

 **19 Martes**

Feria o *San Ezequiel Moreno Díaz*
o San Juan Eudes
Jue 6,11-24; Sal 84; Mt 19,23-30

Misas por:

 **Miércoles**
San Bernardo
Jue 9,6-15; Sal 20; Mt 20,1-16

Misas por:

 **Jueves**
San Pío X
Jue 11,29-39; Sal 39; Mt 22,1-14

Misas por:

 **Viernes**
Santa María Reina
Rut 1,1.3-6.14-16.22; Sal 145; Mt 22,34-40

Misas por:

 **Sábado**
Feria o *Santa Rosa de Lima*
Rut 2,1-3.8-11; 4,13-17;
Sal 127; Mt 23,1-12

Misas por:

Vigesimoprimera semana del Tiempo Ordinario

 **24 Domingo**

Misas por:

XXI TIEMPO ORDINARIO
(SAN BARTOLOMÉ, APÓSTOL)
Is 66,18-21; Sal 116; Heb 12,5-7.11-13;
Lc 13,22-30
Salterio I

 **25 Lunes**

Misas por:

Feria o *San Luis o San José de Calasanz*
1 Tes 1,1-5.8b-10; Sal 149; Mt 23,13-22

 **26 Martes**

Misas por:

Santa Teresa de Jesús Jornet e Ibars
1 Tes 2,1-8; Sal 138; Mt 23,23-26

 **Miércoles**
Misas por:

Santa Mónica
1 Tes 2,9-13; Sal 138; Mt 23,27-32

 **Jueves**
Misas por:

San Agustín
1 Tes 3,7-13; Sal 89; Mt 24,42-51

 **Viernes**
Misas por:

Martirio de San Juan Bautista
Jr 1,17-19; Sal 70; Mc 6,17-29

 **Sábado**
Misas por:

Feria
1 Tes 4,9-12; Sal 97; Mt 25,14-30

Vigesimosegunda semana del Tiempo Ordinario

31 Domingo

XXII TIEMPO ORDINARIO
Eclo 3,17-18.20.28-29; Sal 67;
Heb 12,18-19.22-24a; Lc 14,1.7-14
Salterio II

Misas por:

---

1 Lunes

Feria
1 Tes 4,13-18; Sal 95; Lc 4,16-30

Misas por:

---

2 Martes

Feria
1 Tes 5,1-6.9-11; Sal 26; Lc 4,31-37

Misas por:

---

3 Miércoles

Misas por:

San Gregorio Magno
Col 1,1-8; Sal 51; Lc 4,38-44

---

4 Jueves

Misas por:

Feria
Col 1,9-14; Sal 97; Lc 5,1-11

---

5 Viernes

Misas por:

Feria
Col 1,15-20; Sal 99; Lc 5,33-39

---

6 Sábado

Misas por:

Feria
Col 1,21-23; Sal 53; Lc 6,1-5

 **Domingo**

XXIII Tiempo Ordinario
Sab 9,13-18; Sal 89;
Flm 9b-10.12-17; Lc 14,25-33
Salterio III

Misas por:

 **Lunes**

Natividad de la Santísima Virgen María
Miq 5,1-4a; Sal 12; Mt 1,1-16.18-23

Misas por:

 **Martes**

Feria o *San Pedro Claver*
Col 2,6-15; Sal 144; Lc 6,12-19

Misas por:

10 Miércoles

Feria
Col 3,1-11; Sal 144; Lc 6,20-26

Misas por:

---

11 Jueves

Feria
Col 3,12-17; Sal 150; Lc 6,27-38

Misas por:

---

12 Viernes

Feria o *Dulce Nombre de María*
1 Tim 1,1-2.12-14; Sal 15; Lc 6,39-42

Misas por:

---

13 Sábado

San Juan Crisóstomo
1 Tim 1,15-17; Sal 112; Lc 6,43-49

Misas por:

Vigesimocuarta semana del Tiempo Ordinario

 **Domingo**

Misas por:

EXALTACIÓN DE LA SANTA CRUZ
(XXIV TIEMPO ORDINARIO)
Nm 21,4b-9; Sal 77; Flp 2,6-11; Jn 3,13-17
Salterio IV

 **Lunes**

Misas por:

Nuestra Señora, la Virgen de los Dolores
1 Tim 2,1-8; Sal 27; Lc 7,1-10

 **Martes**

Misas por:

San Cornelio y San Cipriano
1 Tim 3,1-13; Sal 100; Lc 7,11-17

17 Miércoles
Misas por:

Feria o *San Roberto Belarmino, Santa Hildegarda de Bingen*
1 Tim 3,14-16; Sal 110; Lc 7,31-35

18 Jueves
Misas por:

Feria
1 Tim 4,12-16; Sal 110; Lc 7,36-50

19 Viernes
Misas por:

Feria o *San Jenaro*
1 Tim 6,2-12; Sal 48; Lc 8,1-3

20 Sábado
Misas por:

San Andrés Kim Taegón y San Pablo Chong
1 Tim 6,13-16; Sal 99; Lc 8,4-15

 **21** Domingo

Misas por:

XXV Tiempo ordinario
(San Mateo, apóstol y evangelista)
Am 8,4-7; Sal 112; 1 Tim 2,1-8;
Lc 16,1-13
Salterio I

 **22** Lunes

Misas por:

Feria
Esd 1,1-6; Sal 125; Lc 8,16-18

23 Martes

Misas por:

San Pío de Pietralcina
Esd 6,7-8.12.14-20; Sal 121; Lc 8,19-21

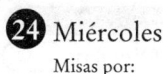 **Miércoles**
Misas por:

Feria o *Bienaventurada*
Virgen de la Merced
Esd 9,5-9; Sal: Tob 13,2-4.6-8; Lc 9,1-6

 **Jueves**
Misas por:

Feria
Ag 1,1-8; Sal 149; Lc 9,7-9

 **Viernes**
Misas por:

Feria o *San Cosme y San Damián*
Ag 1,15-2,9; Sal 42; Lc 9,18-22

 **Sábado**
Misas por:

San Vicente de Paúl
Zac 2,5-9.14-15; Sal: Jr 31,10-13;
Lc 9,43-45

 **Domingo**

Misas por:

XXVI Tiempo Ordinario
(San Wenceslao o San Lorenzo Ruiz)
Am 6,1a.4-7; Sal 145;
1 Tim 6,11-16; Lc 16,19-31
Salterio II

 **Lunes**

Misas por:

Santos Arcángeles Miguel,
Gabriel y Rafael
Dn 7,9-10.13-14; Sal 137; Jn 1,47-51

 **Martes**

Misas por:

San Jerónimo
Zac 8,20-23; Sal 86; Lc 9,51-56

1 Miércoles

Misas por:

Santa Teresa del Niño Jesús
Neh 2,1-8; Sal 136; Lc 9,57-62

---

2 Jueves

Misas por:

Santos Ángeles custodios
Neh 8,1-4a.5-6.7b-12; Sal 18; Lc 10,1-12

---

3 Viernes

Misas por:

Feria o *San Francisco de Borja*
Bar 1,15-22; Sal 78; Lc 10,13-16

---

4 Sábado

Misas por:

San Francisco de Asís
Bar 4,5-12.27-29; Sal 68; Lc 10,17-24

 Domingo

Misas por:

XXVII Tiempo Ordinario
**(Témporas de acción de gracias
y de petición)**
Hab 1,2-3; 2,2-4; Sal 94;
2 Tim 1,6-8.13-14; Lc 17,5-10
Salterio III

 Lunes

Misas por:

Feria o *San Bruno*
Jon 1,1-2,1.11; Sal: Jon 2,2-5.8;
Lc 10,25-37

 Martes

Misas por:

Nuestra Señora, la Virgen del Rosario
Jon 3,1-10; Sal 129; Lc 10,38-42

8 Miércoles

Feria
Jon 4,1-11; Sal 85; Lc 11,1-4

Misas por:

---

9 Jueves

Jueves Feria o *San Dionisio y comps.
márts., San Juan Leonardi*
Mal 3,13-20; Sal 1; Lc 11,5-13

Misas por:

---

10 Viernes

Feria o *Santo Tomás de Villanueva*
Jl 1,13-15; 2,1-2; Sal 9; Lc 11,15-26

Misas por:

---

11 Sábado

Feria o *Santa Soledad Torres Acosta,
San Juan XXIII*
Jl 4,12-21; Sal 96; Lc 11,27-28

Misas por:

 **Domingo**

Misas por:

XXVIII Tiempo Ordinario
(Nuestra Señora del Pilar)
2 Re 5,14-17; Sal 97;
2 Tim 2,8-13; Lc 17,11-19;
Salterio IV

 **Lunes**

Misas por:

Feria
Rom 1,1-7; Sal 97; Lc 11,29-32

 **Martes**

Misas por:

Feria *o San Calixto*
Rom 1,16-25; Sal 18; Lc 11,37-41

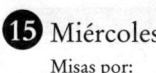 **15** Miércoles

SANTA TERESA DE JESÚS
Eclo 15,1-6; Sal 88; Mt 11,25-30

Misas por:

 **16** Jueves

Feria o *Santa Eduvigis,*
Santa Margarita María de Alacoque
Rom 3,21-29; Sal 129; Lc 11,47-54

Misas por:

 **17** Viernes

San Ignacio de Antioquía
Rom 4,1-8; Sal 31; Lc 12,1-7

Misas por:

 **18** Sábado

SAN LUCAS, EVANGELISTA
2 Tim 4,10-17a; Sal 144; Lc 10,1-9

Misas por:

Vigesimonovena semana del Tiempo Ordinario

 **19 Domingo**

Misas por:

XXIX Tiempo Ordinario
(San Pedro de Alcántara,
San Juan de Brébeuf
y San Isaac Jogues,
San Pablo de la Cruz)
Ex 17,8-13; Sal 120;
2 Tim 3,14-4,2; Lc 18,1-8
Salterio I

 **20 Lunes**

Misas por:

Feria
Rom 4,20-25; Sal: Lc 1,69-73.75;
Lc 12,13-21

 **21 Martes**

Misas por:

Feria
Rom 5,12.15b.17-19.20b-21;
Sal 39; Lc 12,35-38

 **Miércoles**
Misas por:

Feria o *San Juan Pablo II*
Rom 6,12-18; Sal 123; Lc 12,39-48

 **Jueves**
Misas por:

Feria o *San Juan de Capistrano*
Rom 6,19-23; Sal 1; Lc 12,49-53

 **Viernes**
Misas por:

Feria o *San Antonio María Claret*
Rom 7,18-25; Sal 118; Lc 12,54-59

 **Sábado**
Misas por:

Feria o *Santa Catalina de Alejandría*
Rom 8,1-11; Sal 23; Lc 13,1-9

Trigésima semana del Tiempo Ordinario

 **26** Domingo

XXX Tiempo Ordinario
Eclo 35,12-14.16-18; Sal 33; 2 Tim 4,6-
8.16-18; Lc 18,9-14
Salterio II

Misas por:

 **27** Lunes

Feria
Rom 8,12-17; Sal 67; Lc 13,10-17

Misas por:

 **28** Martes

San Simón y San Judas, apóstoles
Ef 2,19-22; Sal 18; Lc 6,12-19

Misas por:

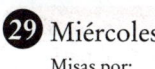 **Miércoles**
Misas por:

Feria
Rom 8,26-30; Sal 12; Lc 13,22-30

 **Jueves**
Misas por:

Feria
Rom 8,31-39; Sal 108; Lc 13,31-35

 **Viernes**
Misas por:

Feria
Rom 9,1-5; Sal 147; Lc 14,1-6

 **Sábado**
Misas por:

TODOS LOS SANTOS
Ap 7,2-4.9-14; Sal 23;
1 Jn 3,1-3; Mt 5,1-12a

Trigésima primera semana del Tiempo Ordinario

2 Domingo

Misas por:

XXXI Tiempo Ordinario
(Conmemoración
de todos los fieles difuntos)
Sab 11,22-12,1; Sal 144;
2 Tes 1,11-2,2; Lc 19,1-10
Salterio III

---

3 Lunes

Misas por:

Feria o *San Martín de Porres*
Rom 11,29-36; Sal 68; Lc 14,12-14

---

4 Martes

Misas por:

San Carlos Borromeo
Rom 12,5-16; Sal 130; Lc 14,15-24

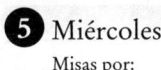

5 Miércoles

Feria o *Santa Ángela de la Cruz*
Rom 13,8-10; Sal 111; Lc 14,25-33

Misas por:

6 Jueves

Santos Pedro Poveda e Inocencio de la Inmaculada y comps. márts.
Rom 14,7-12; Sal 26; Lc 15,1-10

Misas por:

7 Viernes

Feria
Rom 15,14-21; Sal 97; Lc 16,1-8

Misas por:

8 Sábado

Feria
Rom 16,3-9.16.22-27; Sal 144; Lc 16,9-15

Misas por:

Trigésima segunda semana del Tiempo Ordinario

9 Domingo

Misas por:

DEDICACIÓN DE LA BASÍLICA DE LETRÁN
(XXXII TIEMPO ORDINARIO)
Ez 47,1-2.8-9.12; Sal 45;
1 Cor 3,9c-11.16-17; Jn 2,13-22
Salterio IV

10 Lunes

Misas por:

San León Magno
Sab 1,1-7; Sal 138; Lc 17,1-6

11 Martes

Misas por:

San Martín
Sab 2,23-3,9; Sal 33; Lc 17,7-10

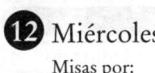 **Miércoles**
Misas por:

San Josafat
Sab 6,2-11; Sal 81; Lc 17,11-19

 **Jueves**
Misas por:

Feria o *San Leandro*
Sab 7,22-8,1; Sal 118; Lc 17,20-25

 **Viernes**
Misas por:

Feria
Sab 13,1-9; Sal 18; Lc 17,26-37

 **Sábado**
Misas por:

Feria o *San Alberto Magno*
Sab 18,14-16; 19,6-9; Sal 104; Lc 18,1-8

16 Domingo

Misas por:

XXXIII TIEMPO ORDINARIO
*(Santa Margarita de Escocia,
Santa Gertrudis)*
Mal 3,19-20a; Sal 97;
2 Tes 3,7-12; Lc 21,5-19
Salterio I

17 Lunes

Misas por:

Santa Isabel de Hungría
1 Mac 1,11-16.43-45. 57-60.65-67;
Sal 118; Lc 18,35-43

18 Martes

Misas por:

Feria o *Dedicación de las basílicas de los
apóstoles San Pedro y San Pablo*
Hch 28,11-16.30-31; Sal 97; Mt 14,22-33

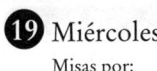 **19** Miércoles

Feria
2 Mac 7,1.20-31; Sal 16; Lc 19,11-28

Misas por:

 **20** Jueves

Feria
1 Mac 2,15-29; Sal 49; Lc 19,41-44

Misas por:

 **21** Viernes

**Presentación de la Santísima
Virgen María**
1 Mac 4,36-37.52-59;
Sal: 1 Cr 29,10-12; Lc 19,45-48

Misas por:

 **22** Sábado

Santa Cecilia
1 Mac 6,1-13; Sal 9; Lc 20,27-40

Misas por:

Trigésima cuarta semana del Tiempo Ordinario

 **23 Domingo**

Misas por:

JESUCRISTO, REY DEL UNIVERSO
(San Clemente I y San Columbano)
2 Sam 5,1-3; Sal 121; Col 1,12-20;
Lc 23,35-43
Salterio II

 **24 Lunes**

Misas por:

San Andrés Dung Lac y comps. márts.
Dn 1,1-6.8-20; Sal: Dn 3,52-56; Lc 21,1-4

 **25 Martes**

Misas por:

Feria o *Santa Catalina de Alejandría*
Dn 2,31-45; Sal: Dn 3,57-61; Lc 21,5-11

 **Miércoles**

Misas por:

Feria
Dn 5,1-6.13-14.16-17.23-28;
Sal: Dn 3,62-67; Lc 21,12-19

 **Jueves**

Misas por:

Feria
Dn 6,12-28; Sal: Dn 3,68-74;
Lc 21,20-28

 **Viernes**

Misas por:

Feria
Dn 7,2-14; Sal: Dn 3,75-81;
Lc 21,29-33

---

29 **Sábado**

Misas por:

Feria
Dn 7,15-27; Sal: Dn 3,82-87;
Lc 21,34-36

Termina el Tiempo Ordinario y comienza el nuevo
Año litúrgico (Ciclo A) con el Tiempo de Adviento

 **Domingo**

Misas por:

I Adviento
(San Andrés, apóstol)
Is 2,1-5; Sal 121; Rom 13,11-14;
Mt 24,37-44
Salterio I

1 Lunes

Misas por:

Feria
Is 2,1-5 o 4,2-6; Sal 121; Mt 8,5-11

2 Martes

Misas por:

Feria
Is 11,1-10; Sal 71; Lc 10,21-24

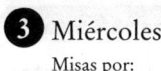 **Miércoles**

San Francisco Javier
Is 25,6-10; Sal 22; Mt 15,29-37

Misas por:

Jueves

Feria o *San Juan Damasceno*
Is 26,1-6; Sal 117; Mt 7,21.24-27

Misas por:

Viernes

Feria
Is 29,17-24; Sal 26; Mt 9,27-31

Misas por:

Sábado

Feria o *San Nicolás*
Is 30,19-21.23-26; Sal 146;
Mt 9,35-10,1.6-8

Misas por:

7 Domingo

Misas por:

II Adviento
(San Ambrosio)
Is 11,1-10; Sal 71; Rom 15,4-9; Mt 3,1-12
Salterio II

8 Lunes

Misas por:

Inmaculada Concepción de Santa
María Virgen
Gn 3,9-15.20; Sal 97;
Ef 1,3-6.11-12; Lc 1,26-38

9 Martes

Misas por:

Feria o *San Juan Diego Cuachtlatoatzin*
Is 40,1-11; Sal 95; Mt 18,12-14

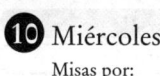 **Miércoles**
Feria o *Santa Eulalia de Mérida*
Is 40,25-31; Sal 102; Mt 11,28-30

Misas por:

 **Jueves**
Feria o *San Dámaso*
Is 41,13-20; Sal 144; Mt 11,11-15

Misas por:

 **Viernes**
Feria o *Virgen de Guadalupe*
Is 48,17-19; Sal 1; Mt 11,16-19

Misas por:

 **Sábado**
Santa Lucía
Eclo 48,1-4.9-11; Sal 79; Mt 17,10-13

Misas por:

 **Domingo**

Misas por:

III Adviento
(San Juan de la Cruz)
Is 35,1-6.10; Sal 145;
Sant 5,7-10; Mt 11,2-11
Salterio III

 **Lunes**

Misas por:

Feria
Nm 24,2-7.15-17a; Sal 24; Mt 21,23-27

 **Martes**

Misas por:

Feria
Sof 3,1-2.9-13; Sal 33; Mt 21,28-32

 **Miércoles**
Misas por:

Feria mayor
Gn 49,2.8-10; Sal 71; Mt 1,1-17

 **Jueves**
Misas por:

Feria mayor
Jr 23,5-8; Sal 71; Mt 1,18-24

 **Viernes**
Misas por:

Feria mayor
Jue 13,2-7.24-25; Sal 70; Lc 1,5-25

 **Sábado**
Misas por:

Feria mayor
Is 7,10-14; Sal 23; Lc 1,26-38

21 Domingo

Misas por:

IV Adviento
(San Pedro Canisio)
Is 7,10-14; Sal 23; Rom 1,1-7; Mt 1,18-24
Salterio IV

---

22 Lunes

Misas por:

Feria mayor
1 Sam 1,24-28; Sal: 1 Sam 2,1.4-8;
Lc 1,46-56

---

23 Martes

Misas por:

Feria mayor *(San Juan de Kety)*
Mal 3,1-4.23-24; Sal 24; Lc 1,57-66

24 Miércoles

Misas por:

Feria
2 Sam 7,1-5.8-11.16; Sal 88;
Lc 1,67-79

Vigilia: Is 62,1-5; Sal 88;
Heb 13,16-17.22-25; Mt 1,1-25 o 1,18-25

25 Jueves

Misas por:

NATIVIDAD DEL SEÑOR
Medianoche: Is 9,1-6; Sal 95;
Tit 2,11-14; Lc 2,1-14
Aurora: Is 62,11-12; Sal 96;
Tit 3,4-7; Lc 2,15-20
Día: Is 52,7-10; Sal 97; Heb 1,1-6;
Jn 1,1-18 o 1,1-5.9-14

Comienza el Tiempo de Navidad

26 Viernes

Misas por:

SAN ESTEBAN, PROTOMÁRTIR
Hch 6,8-10; 7,54-60; Sal 30; Mt 10,17-22

27 Sábado

Misas por:

SAN JUAN, APÓSTOL Y EVANGELISTA
1 Jn 1,1-4; Sal 96; Jn 20,2-8

 **Domingo**

Misas por:

SAGRADA FAMILIA: JESÚS, MARÍA Y JOSÉ
(LOS SANTOS INOCENTES)
Eclo 3,2-6.12-14; Sal 127; Col 3,12-21; Mt
2,13-15.19-23
Salterio I

 **Lunes**

Misas por:

5º día de la octava de Navidad
(Santo Tomás Becket)
1 Jn 2,3-11; Sal 95; Lc 2,22-35

 **Martes**

Misas por:

6º día de la octava de Navidad
1 Jn 2,12-17; Sal 95; Lc 2,36-40

**31** Miércoles

Misas por:

7º día de la octava de Navidad
(San Silvestre I)
1 Jn 2,18-21; Sal 95; Jn 1,1-18

Mercedes

RITUAL

Se incluyen aquí aquellos ritos tomados de los rituales vigentes que, por razones de urgencia o por no celebrarse en la iglesia, es difícil realizarlos con el *Ritual* (libro oficial). Según este criterio, publicamos:

– Los ritos de urgencia de los sacramentos del Bautismo, la Confirmación, la Penitencia y la Unción de los enfermos.
– El rito de la Penitencia (Tipo A).
– La comunión llevada a un enfermo.
– La entrega de los moribundos a Dios (recomendación del alma).
– La indulgencia plenaria en peligro de muerte.
– Plegarias por los difuntos.

En otro apartado ofrecemos un pequeño elenco de bendiciones de frecuente uso, sin carácter litúrgico oficial.

BAUTISMO DE UN NIÑO EN PELIGRO DE MUERTE

Preparada el agua, aunque no esté bendecida, y reunidos en torno al niño enfermo los padres, padrinos y, si es posible, algunos familiares y amigos, el ministro (sacerdote, diácono o laico) comienza esta breve oración de los fieles:

Hermanos: Invoquemos la misericordia de Dios Todopoderoso para este niño, que va a recibir la gracia del Bautismo, para sus padres y padrinos, y para todo el pueblo santo de Dios.

Para que Dios se digne agregar a este niño a su Iglesia por el Bautismo. Roguemos al Señor. R./ Te rogamos, óyenos.

Para que se digne adoptarlo como hijo suyo por el Bautismo. Roguemos al Señor. R./ Te rogamos, óyenos.

Para que, sepultado en la muerte de cristo por el Bautismo, le haga partícipe de su resurrección. Roguemos al Señor. R./ Te rogamos, óyenos.

Para que se digne renovar en nosotros la gracia del Bautismo. Roguemos al Señor. R./ Te rogamos, óyenos.

Para que se digne conservar siempre en una misma fe y caridad a todos los discípulos de Cristo, bautizados para formar un solo cuerpo. Roguemos al Señor. R./ Te rogamos, óyenos.

La oración de los fieles se concluye así:
Dios, fuente de vida y amor,
Padre de Nuestro Señor Jesucristo:
Tú quieres revelar tu designio de amor
a estos padres que temen por la vida de su hijo,
dándoles a conocer
que no ha de perderse para siempre
esta vida que renacerá en el Bautismo.

Escucha nuestras súplicas:
No permitas que este niño
permanezca bajo el poder del mal,
sino admítelo en el Reino de tu Hijo.
Concede que este niño,
a quien damos el nombre de N.,
por esta agua vivificada por el Espíritu, participe en el misterio
de la muerte y resurrección de Cristo,
sea hijo de adopción,
alcance tu heredad
y se alegre como miembro de tu Iglesia
con el Hijo y el Espíritu Santo.
Por los siglos de los siglos.
R./ Amén.

Seguidamente se hace la profesión de fe. El ministro invita a los presentes con estas palabras:

Recordando nuestro Bautismo, confesamos nuestra fe en Jesucristo, que es la fe de la Iglesia, en la que este niño va a ser bautizado.

Y después pregunta:

¿Creéis en Dios, Padre Todopoderoso, Creador del cielo y de la tierra?
R./ Sí, creo.

¿Creéis en Jesucristo, su único Hijo, nuestro Señor, que nació de santa María Virgen, murió, fue sepultado, resucitó de entre los muertos y está sentado a la derecha del Padre?
R./ Sí, creo.

¿Creéis en el Espíritu Santo, en la santa Iglesia católica, en la comunión de los santos, en el perdón de los pecados, en la resurrección de la carne y en la vida eterna?
R./ Sí, creo.

La profesión de fe, oportunamente, puede hacerse también con la recitación del Credo:

Creo en Dios, Padre Todopoderoso...

Después el ministro bautiza al niño, diciendo:

N., Yo te bautizo en el nombre del Padre...
primera infusión de agua

y del Hijo...
segunda infusión de agua

y del Espíritu Santo
tercera infusión de agua

Omitidos los restantes ritos, puede hacerse la imposición de la vestidura blanca. El ministro dice:

N., eres ya nueva criatura y has sido revestido de Cristo. Esta vestidura blanca sea signo de tu dignidad de cristiano, que debes conservar sin mancha hasta la vida eterna.
R./ Amén.

La celebración concluye con la recitación dominical:

Padre nuestro...

Si entre los presentes ninguno es capaz de dirigir la celebración aquí descrita, cualquier fiel puede bautizar, recitando el Credo y después derramando el agua sobre el bautizado con la fórmula propia. Incluso la recitación del Credo, oportunamente, puede omitirse.

En peligro de muerte inminente, omitidos los restantes ritos, es suficiente que el ministro derrame agua sobre el niño, diciendo las palabras acostumbradas. En cuanto sea posible, conviene que el ministro tenga presente uno o dos testigos.

En caso de necesidad se procede así:

El sacerdote impone las manos sobre el enfermo mientras dice esta oración:

Dios Todopoderoso,
Padre de nuestro Señor Jesucristo,
que regeneraste por el agua y el Espíritu Santo
a este siervo tuyo
y lo libraste del pecado:
escucha nuestra oración y envía sobre él
el Espíritu Santo Paráclito;
llénalo de espíritu de sabiduría e inteligencia,
de espíritu de consejo y de fortaleza,
de espíritu de ciencia y de piedad;
y cólmalo del espíritu de santo temor.
Por Jesucristo, nuestro Señor.
R./ Amén.

Después, con la extremidad del dedo pulgar de su mano derecha empapado de crisma hace la señal de la cruz en la frente del confirmando, diciendo:

N., recibe por esta señal el don del Espíritu Santo.

El confirmando responde, si puede:

Amén.

En caso de extrema necesidad, basta con que el sacerdote haga la crismación y diga la fórmula sacramental.

UNCIÓN DE LOS ENFERMOS
(SIN VIÁTICO)

El sacerdote puede utilizar la siguiente monición:

Queridos hermanos: Nuestro Señor Jesucristo nos dice por medio del apóstol Santiago: «¿Está enfermo alguno de vosotros?, llame a los presbíteros de la Iglesia, y que recen por él, después de ungirlo con óleo, en el nombre del Señor. Y la oración de fe salvará al enfermo, y el Señor lo curará, y si ha cometido pecado, lo perdonará».

Pongamos, pues, a nuestro hermano enfermo en manos de Cristo, que lo ama y puede curarlo, para que le conceda alivio y salud.

Si fuera necesario, el sacerdote acoge la confesión sacramental del enfermo, la cual puede hacerse de modo genérico si no se puede hacer de otro modo.
Si el enfermo no hace confesión sacramental, el sacerdote invita a todos al acto penitencial.

Para participar con fruto en esta celebración, comencemos por reconocer nuestros pecados.

Se hace una breve pausa en silencio. Después todos juntos hacen la confesión:

Yo confieso ante Dios...

Sigue la absolución del sacerdote:

Dios Todopoderoso
tenga misericordia de nosotros,
perdone nuestros pecados
y nos lleve a la vida eterna.
R./ Amén.

Después el sacerdote invita a orar a todos:

Oremos por nuestro hermano N. e invoquemos al Señor, que ahora le va a reconfortar con este sacramento.

Para que Dios reconozca en nuestro hermano el rostro dolorido de su Hijo, roguemos al Señor.

R./ Te rogamos, óyenos.

Para que lo sostenga y conserve en su amor, roguemos al Señor. R./

Para que le conceda su fuerza y su paz, roguemos al Señor. R./

El sacerdote impone en silencio las manos sobre la cabeza del enfermo. Si hay que bendecir el óleo, lo hace ahora:

Bendice, Señor, este óleo
y también al enfermo
que con él será ungido.

El sacerdote toma el santo óleo y unge al enfermo en la frente y en las manos, diciendo una sola vez:

Por esta santa Unción
y por su bondadosa misericordia
te ayude el Señor
con la gracia del Espíritu Santo.
R./ Amén.

Para que, libre de tus pecados,
te conceda la salvación
y te conforte en tu enfermedad.
R./ Amén.

Señor Jesucristo,
Redentor de los hombres,
que en tu pasión quisiste soportar nuestros sufrimientos
y aguantar nuestros dolores,
te pedimos por N., que está enfermo;
tú, que lo has redimido,
aviva en él la esperanza de su salvación
y conforta su cuerpo y su alma.
Tú, que vives y reinas por los siglos de los siglos.
R./ Amén.

Padre misericordioso.
Tú, que conoces hasta dónde llega
la buena voluntad del hombre,
tú que siempre estás dispuesto
a olvidar nuestras culpas.
Tú, que nunca niegas el perdón
a los que acuden a ti,
compadécete de tu hijo N.,
que se debate en la agonía.
Te pedimos que, ungido con el óleo santo
y ayudado por la oración de nuestra fe,
se vea aliviado en su cuerpo y en su alma,
y obtenga el perdón de los pecados
y sienta la fortaleza de tu amor.
Por Jesucristo, tu Hijo,
que venció a la muerte y nos abrió las puertas de la vida,
y contigo vive y reina por los siglos de los siglos.
R./ Amén.

Y ahora, todos juntos, oremos como el mismo Cristo nos enseñó:
Padre nuestro...

El sacerdote puede concluir con la bendición siguiente:

Jesucristo, el Señor, esté siempre a tu lado para defenderte.
R./ Amén.
Que él vaya delante de ti para guiarte y vaya detrás de ti para ayudarte.
R./ Amén.
Que él vele por ti, te sostenga y te bendiga.
R./ Amén.

O bien:

La bendición de Dios Todopoderoso,
Padre, Hijo y Espíritu Santo,
descienda sobre vosotros
y os acompañe siempre.
R./ Amén.

INDULGENCIA PLENARIA
EN PELIGRO DE MUERTE

El sacramento de la Penitencia o el acto penitencial –previo a la santa unción o al viático– pueden concluir con la indulgencia plenaria en peligro de muerte, que otorgará el sacerdote de esta manera:

En nombre de nuestro Santo Padre el papa N.,
te concedo indulgencia plenaria
y el perdón de todos tus pecados.
En el nombre del Padre, y del Hijo, y del Espíritu Santo.
R./ Amén.

O bien:

Que Dios Todopoderoso,
por la muerte y la resurrección de Cristo,
te perdone todas las penas de esta vida y de la otra,
te abra las puertas del paraíso
y te lleve a los gozos eternos.
R./ Amén.

SANTA UNCIÓN CUANDO SE DUDA SI EL ENFERMO VIVE

Cuando el sacerdote duda si el enfermo vive, adminístrele la Unción de esta manera:

Acercándose al enfermo, si hay tiempo, dice en primer lugar:

Con humildad y confianza invoquemos al Señor
a favor de N., nuestro hermano,
para que lo visite con su misericordia
y lo conforte con la santa Unción:
R./ Te rogamos, óyenos.

E inmediatamente le da la Unción, diciendo:

Si aún vives, por esta santa Unción
y por su bondadosa misericordia,
te ayude el Señor
con la gracia del Espíritu Santo.
R./ Amén.

Para que, libre de tus pecados,
te conceda la salvación
y te conforte en tu enfermedad
R./ Amén.

RITO DE LA PENITENCIA (TIPO A) PARA RECONCILIAR A UN SOLO PENITENTE

El sacerdote acoge con bondad al penitente y le saluda con palabras de afecto.

Luego el penitente y, si lo juzga oportuno, también el sacerdote, hace la señal de la cruz, diciendo:

En el nombre del Padre, y del Hijo, y del Espíritu Santo.

Amén.

El sacerdote invita al penitente a poner su confianza en Dios con estas o parecidas palabras:

Dios, que ha iluminado nuestros corazones, te conceda un verdadero conocimiento de tus pecados y de su misericordia.

El penitente responde:

Amén.

El sacerdote, si lo juzga oportuno, lee o recita de memoria algún texto de la Sagrada Escritura, en el que se proclame la misericordia de Dios y la llamada del hombre a la conversión.

Pongamos los ojos en el Señor Jesús,
que fue entregado por nuestros pecados y resucitado para nuestra justificación.

O bien:

Escuchemos al Señor, que nos dice:
Les daré un corazón íntegro
e infundiré en ellos un espíritu nuevo;
les arrancaré el corazón de piedra
y les daré un corazón de carne
para que sigan mis leyes
y pongan por obra mis mandatos:
serán mi pueblo y yo seré su Dios.

O bien:

Escuchemos al Señor, que nos dice:
Si perdonáis a los demás sus culpas,
también vuestro Padre del cielo
os perdonará a vosotros.
Pero si no perdonáis a los demás,
tampoco vuestro Padre
perdonará vuestras culpas.

Inmediatamente después, donde sea costumbre, el penitente recita una fórmula de confesión general (v.gr.: «Yo confieso...») y, al terminar esta, confiesa sus pecados.

Si fuera necesario, el sacerdote ayuda al penitente a hacer una confesión íntegra, le da los consejos oportunos y le exhorta a la contrición de sus culpas, recordándole que el cristiano, por el sacramento de la penitencia, muriendo y resucitando con Cristo, es renovado en el Misterio Pascual. Luego le propone una obra de penitencia que el fiel acepta para satisfacción de sus pecados y para enmienda de su vida. Procure el sacerdote acomodarse en todo a la condición del penitente, tanto en el lenguaje como en los consejos que él le dé.

Lava del todo mi delito, Señor,
limpia mi pecado.
Pues yo reconozco mi culpa,
tengo siempre presente mi pecado.

Padre, he pecado contra el cielo y contra ti,
ya no merezco llamarme hijo tuyo.
Ten compasión de este pecador.

Jesús, Hijo de Dios,
apiádate de mí, que soy un pecador.

El sacerdote, extendiendo ambas manos o, al menos, la derecha sobre la cabeza del penitente, dice:

Dios Padre misericordioso,
que reconcilió consigo al mundo
por la muerte y la resurrección de su Hijo
y derramó el Espíritu Santo
para la remisión de los pecados,
te conceda por el ministerio de la Iglesia
el perdón y la paz.
Y yo te absuelvo de tus pecados ✠
en el nombre del Padre, y del Hijo, y del Espíritu Santo.

El penitente responde:

Amén.

Después de haberle dado la absolución, el sacerdote prosigue:

Dad gracias al Señor, porque es bueno.

Porque es eterna su misericordia.

El Señor ha perdonado tus pecados. Vete en paz.

En lugar de la acción de gracias y de la fórmula de despedida, el sacerdote puede decir:

La pasión de nuestro Señor Jesucristo,
la intercesión de la bienaventurada Virgen María
y de todos los santos,
el bien que hagas y el mal que puedas sufrir,
te sirvan como remedio de tus pecados,
aumento de gracia
y premio de vida eterna.
Vete en paz.

O bien:

El Señor, que te ha liberado del pecado,
te admita también en su reino.
A él la gloria por los siglos.

COMUNIÓN LLEVADA A UN ENFERMO

RITO DE LA CELEBRACIÓN

RITOS INICIALES

Una vez preparado todo, el ministro saluda a los que van a comulgar y los invita a emitir el acto penitencial.

Si es sacerdote o diácono dice:

La gracia de nuestro Señor Jesucristo,
el amor del Padre
y la comunión del Espíritu Santo
esté con todos vosotros.

Todos responden:

Y con tu espíritu.

Se hace después el acto penitencial. El ministro invita a los comulgantes a la penitencia diciendo:

Hermanos: para participar con fruto en esta celebración, comencemos por reconocer nuestros pecados.

Se hace una breve pausa en silencio. Después todos juntos hacen la confesión.

Yo confieso ante Dios Todopoderoso...

El ministro concluye:
Dios Todopoderoso
tenga misericordia de nosotros,

perdone nuestros pecados
y nos lleve a la vida eterna.

El pueblo responde:

Amén.

Lectura breve de la Palabra de Dios

Enseguida, omitida la celebración de la Palabra de Dios, si se juzga oportuno, léase por uno de los presentes o por el mismo ministro un breve texto de la Sagrada Escritura que trate del pan de vida:

El que come mi carne y bebe mi sangre tiene vida eterna, y yo lo resucitaré en el último día.
Mi carne es verdadera comida y mi sangre es verdadera bebida.

Cada vez que coméis de este pan y bebéis del cáliz proclamáis la muerte del Señor hasta que vuelva.

Sagrada comunión

El ministro toma el vaso o copón con el Cuerpo del Señor, lo pone sobre el altar y hace una genuflexión. Después inicia la oración dominical con estas o parecidas palabras:

Fieles a la recomendación del Salvador, y siguiendo su divina enseñanza, nos atrevemos a decir: Padre nuestro…

Entonces el ministro muestra el Santísimo Sacramento, diciendo:

Este es el Cordero de Dios,
que quita el pecado del mundo.
Dichosos los llamados a la cena del Señor.

El enfermo y los que van a comulgar añaden una sola vez.

Señor, no soy digno
de que entres en mi casa,
pero una palabra tuya
bastará para sanarme.

*El ministro se acerca al enfermo y mostrándole el sacramento
dice:*

El Cuerpo de Cristo (o bien: la Sangre de Cristo).

El enfermo responde:

Amén.

Y comulga.

*Los otros presentes que van a comulgar reciben el sacramento
del modo acostumbrado.
Una vez distribuida la comunión, el ministro purifica los vasos
sagrados. Pueden seguir unos momentos de silencio.
Luego el ministro concluye con esta oración:*

Alimentados con esta eucaristía,
te hacemos presente, Señor,
nuestra acción de gracias,
implorando de tu misericordia
que el Espíritu Santo mantenga siempre vivo
el amor a la verdad
en quienes han recibido la fuerza de lo alto.
Por Jesucristo, nuestro Señor.
R./ Amén.

Rito de la despedida

*Después, el ministro, invocando la bendición de Dios y santi-
guándose, dice:*

El Señor nos bendiga,
nos guarde de todo mal
y nos lleve a la vida eterna.

O bien:

El Señor omnipotente y misericordioso
tenga misericordia de nosotros,
perdone nuestros pecados
y nos lleve a la vida eterna.

El pueblo responde:

Amén.

RECOMENDACIÓN DEL ALMA

Las preces y lecturas que siguen deben ser elegidas en función del estado espiritual y corporal del enfermo y teniendo en cuenta todas las circunstancias del lugar y las personas. Hágase todo con voz lenta y suave e intercalando algún momento de silencio. En muchos casos convendrá recitar con el enfermo alguna jaculatoria, repitiéndola quizá varias veces.

FÓRMULAS BREVES

– En la vida y en la muerte somos del Señor.
– Hemos pasado de la muerte a la vida, porque amamos a los hermanos.
– A ti, Señor, levanto mi alma.
– Te lo aseguro: hoy estarás conmigo en el paraíso, dice el Señor.
– Todo el que cree en el Hijo tiene vida eterna.
– A tus manos, Señor, encomiendo mi espíritu.
– Jesús, José y María, asistidme en mi última agonía.

ORACIONES

Querido hermano:
te entrego a Dios
y, como criatura suya,
te pongo en sus manos,
pues es tu Hacedor,
que te formó del polvo de la tierra.
Y al dejar esta vida,
salgan a tu encuentro
la Virgen María y todos los ángeles y santos.
Que Cristo, que sufrió muerte de cruz por ti,
te conceda la libertad verdadera.
Que Cristo, Hijo de Dios vivo,
te aloje en su paraíso.
Que Cristo, Buen Pastor,
te cuente entre sus ovejas.

Que te perdone todos tus pecados
y te agregue al número de sus elegidos.
Que puedas contemplar cara a cara
a tu Redentor
y gozar de la visión de Dios
por los siglos de los siglos.

Señor Jesús, Salvador del mundo,
te encomendamos a N.
y te rogamos que lo recibas en el gozo de tu Reino,
pues por él bajaste a la tierra.
Y, aunque haya pecado en esta vida,
nunca negó al Padre, al Hijo
y al Espíritu Santo,
sino que permaneció en la fe
y adoró fielmente al Dios
que hizo todas las cosas.

También puede decirse o cantarse esta antífona:

Dios te salve, Reina y Madre...

Una vez que haya expirado, se dice:

Venid en su ayuda, santos de Dios;
salid a su encuentro, ángeles del Señor.

R./ Recibid su alma
   y presentadla ante el Altísimo.

Cristo, que te llamó, te reciba
y los ángeles te conduzcan
al regazo de Abrahán.

R./ Recibid su alma
y presentadla ante el Altísimo.

Dale, Señor, el descanso eterno
y brille para él la luz perpetua.

R./ Recibid su alma
y presentadla ante el Altísimo.

Te pedimos, Señor, que tu siervo N.,
muerto ya para este mundo,
viva para ti,
y que tu amor misericordioso
borre los pecados
que cometió por fragilidad humana.
Por Jesucristo, nuestro Señor.
R./ Amén.

PLEGARIA POR LOS DIFUNTOS

Dios Padre nuestro	Tú que eres creador de la vida	Señor, ten piedad
	Tú que conduces nuestras vidas	Señor, ten piedad
	Tú que eres fuente de misericordia	Señor, ten piedad
Señor Jesús	Tú que aceptaste la voluntad del Padre hasta llegar a la muerte	Cristo, ten piedad
	Tú que eres la resurrección y la vida	Cristo, ten piedad
	Tú que dijiste al buen ladrón: «Hoy estarás conmigo en el paraíso»	Cristo, ten piedad
Espíritu consolador	Tú que eres nuestra vida	Señor, ten piedad
	Tú que eres nuestra esperanza	Señor, ten piedad
	Tú que eres nuestra salvación	Señor, ten piedad

FORMULARIO II

Dirigimos nuestras súplicas a Cristo: hagámoslo con plena confianza y con fe en el poder de su cruz y resurrección.

Señor resucitado, modelo de nuestra vida para siempre.

Señor, ten piedad.

Tú que eres promesa e imagen de lo que seremos.

Señor, ten piedad.

Hijo de Dios, que viniste a destruir el pecado y la muerte.

Señor, ten piedad.

Palabra de Dios, que nos libraste del temor a la muerte.

Señor, ten piedad.

Señor crucificado, abandonado a la muerte, elevado a la gloria.

Señor, ten piedad.

Señor Jesús, dócil pastor, que trajiste descanso a nuestras almas, concede la paz eterna a nuestro hermano [nuestra hermana] N.

Señor, ten piedad.

Señor Jesús, tú bendices a aquellos que sufren algún dolor; bendice también a la familia y amigos de N. que hoy se reúnen para orar por él [ella], que acaba de dejar este mundo.

Señor, ten piedad.

Formulario III

Oremos con confianza a Dios, Padre misericordioso, y pongamos en sus manos a N., que acaba de morir.

– Por nuestro(a) hermano(a) N. (miembro de nuestra familia, amigo nuestro) a quien hemos conocido y apreciado: para que el Padre, en su misericordia, le conceda la paz y la felicidad eternas.

> Roguemos al Señor.
> R./ Te rogamos, óyenos.

– Por todos los que sentimos especialmente esta muerte: para que Dios nos dé fortaleza y confianza.

> Roguemos al Señor.

– Por los hombres y mujeres que experimentan el dolor, la enfermedad, el olvido o la injusticia: para que el Señor sea la fuente de su esperanza.

> Roguemos al Señor.

– Por todos los que estamos reunidos: para que el Señor nos haga cada día más solidarios con los que sufren, de manera que podamos dar razón de nuestra esperanza.

> Roguemos al Señor.

– Por los fieles difuntos de nuestras familias y de todo el mundo: para que el Padre les dé en su reino aquello que esperaron en esta vida.

> Roguemos al Señor.

Oremos ahora al Padre del cielo con la oración que Jesús nos enseñó: *Padre nuestro…*

Te encomendamos, Señor, a nuestro(a) hermano(a) N., a quien en esta vida mortal rodeaste siempre con tu amor; concédele ahora que, libre de todos sus males,

participe en tu descanso eterno,
y, pues para él (ella) acabó ya este primer mundo,
admítelo(a) ahora en tu paraíso,
donde no hay llanto ni luto ni dolor,
sino paz y alegría sin fin,
con tu Hijo y el Espíritu Santo
por los siglos de los siglos. R./ Amén.

Formulario IV

Pidamos por nuestro hermano (nuestra hermana) a Jesucristo, que ha dicho: «Yo soy la resurrección y la vida; el que cree en mí, aunque haya muerto, vivirá; y el que está vivo y cree en mí no morirá para siempre».

– Tú que resucitaste a los muertos, concede la vida eterna a nuestro hermano (nuestra hermana).

      Te lo pedimos, Señor.

– Tú que desde la cruz prometiste el paraíso al buen ladrón, acoge a nuestro hermano (nuestra hermana) en tu reino.

      Te lo pedimos, Señor.

– Tú que experimentaste el dolor de la muerte y resucitaste gloriosamente del sepulcro, concede a nuestro hermano (nuestra hermana) la vida feliz de la resurrección.

      Te lo pedimos, Señor.

– Tú que lloraste ante la tumba de Lázaro, dígnate enjugar las lágrimas de quienes lloramos la muerte de nuestro hermano (nuestra hermana).

      Te lo pedimos, Señor.

Señor, nuestra vida es corta y frágil;
la muerte que contemplamos hoy nos lo recuerda.
Pero tú vives eternamente,
y tu amor es más fuerte que la muerte.
Llenos, pues, de confianza,
ponemos en tus manos a nuestro hermano
(nuestra hermana) N.,

que acaba de dejarnos.
Perdónale sus faltas y acógelo(a)
en tu reino,
para que viva feliz en tu presencia
por los siglos de los siglos.
R./ Amén.

FORMULARIO V

A ti, Señor, grito; respóndeme; haz caso de las súplicas que te
dirijo en este momento de dolor por la muerte de tu hijo(a) N.
Señor Jesucristo, acógelo(a)
en compañía de todos los elegidos
que nos han precedido.
Concédele gozar siempre de tu paz.
Que encuentre en ti el perdón de sus pecados.
Que goce eternamente de la felicidad de los santos.
Que te contemple a ti, luz verdadera,
Y goce de tu presencia.
Conforta a sus familiares
y a cuantos lloran su muerte.

ORACIÓN

Concede, oh Padre, a tu hijo(a) N.,
que se ha separado de nosotros,
la herencia prometida;
da cumplimiento a su esperanza
de felicidad y de paz;
infunde serenidad y fortaleza
en quienes ahora lloran su ausencia
y fortalécelos con la certeza de la vida eterna
que, en tu gran amor, has dispuesto
para toda la familia humana,
por la fuerza de la muerte
y de la resurrección de Criso,
que vive y reina por los siglos de los siglos.
R./ Amén.

ANTÍFONAS FINALES A LA SANTÍSIMA VIRGEN MARÍA

Fuera del Tiempo Pascual se canta o se dice una de las siguientes antífonas:

I

Dios te salve, Reina y Madre de misericordia, vida, dulzura,
esperanza nuestra.
Dios te salve.
A ti llamamos los desterrados hijos de Eva;
a ti suspiramos, gimiendo y llorando, en este valle de lágrimas.
Ea, pues, Señora, abogada nuestra,
vuelve a nosotros esos tus ojos misericordiosos,
y después de este destierro,
muéstranos a Jesús, fruto bendito de tu vientre.
¡Oh clementísima, oh, piadosa, oh dulce Virgen María!

II

Madre del Redentor, virgen fecunda,
puerta del cielo siempre abierta,
estrella del mar,
ven a librar al pueblo, que tropieza
y quiere levantarse.

Ante la admiración de cielo y tierra
engendraste a tu santo Creador,
y permaneces siempre virgen.

Recibe el saludo del ángel Gabriel,
y ten piedad de nosotros, pecadores.

III

Salve, Reina de los cielos
y Señora de los ángeles;
salve, raíz; salve, puerta
que dio paso a nuestra luz.

Alégrate, virgen gloriosa,
entre todas la más bella;
salve, ¡oh hermosa doncella!,
ruega a Cristo por nosotros.

IV

Bajo tu protección nos acogemos,
santa Madre de Dios;
no deseches las súplicas
que te dirigimos en nuestras necesidades;
antes bien, líbranos siempre de todo peligro,
oh Virgen gloriosa y bendita.

V

En el Tiempo Pascual se dice siempre el siguiente canto:

Reina del cielo, alégrate, aleluya,
porque el Señor,
a quien has merecido llevar, aleluya,
ha resucitado según su palabra, aleluya.
Ruega al Señor por nosotros, aleluya.

También pueden usarse otros cantos aprobados por la Conferencia Episcopal.

BREVE ELENCO
DE BENDICIONES

1. BENDICIÓN DEL AGUA

Señor Dios todopoderoso,
que eres la fuente y el principio
de la vida del cuerpo y del espíritu,
dígnate bendecir ✠ esta agua
que vamos a utilizar con fe para implorar el perdón
de nuestros pecados
y para alcanzar la protección de tu gracia
contra todas las enfermedades
y asechanzas del enemigo.
Concédenos, Señor,
por medio de tu misericordia,
que el agua viva nos sirva de salvación,
para que podamos acercarnos a ti
con un corazón limpio
y evitemos todo mal de alma y cuerpo.
Por Jesucristo, nuestro Señor,

R./ Amén.

2. BENDICIONES DE LA MESA

a) Bendito seas, Señor, Dios del universo
   por estos alimentos,
   fruto de la tierra y del trabajo del hombre,
   que hemos recibido de tu bondad
   y ahora vamos a compartir.
   Tú que vives y reinas
   por los siglos de los siglos.
   R./ Amén.

b) Te bendecimos, Señor,
   porque nos das estos alimentos.
   Bendice a cuantos nos reunimos
   en torno a esta mesa acogedora.

c) Al reconocer en esta mesa
   y en estos alimentos
   la bendición constante de tu amor
   y de tu providencia,
   te alabamos, te bendecimos
   y te damos gracias, Señor.

d) Al reunirnos
   en torno a esta mesa,
   queremos elevar hacia ti, Padre del cielo,
   nuestro espíritu filial
   y bendecirte por todos los dones
   con que continuamente nos enriqueces.

3. BENDICIÓN DE UNA CASA

Saludo

Lectura bíblica
   Mt 7,24-27 (parábola de las dos casas)
   Lc 10,38-42 (Jesús en casa de Marta)
   Mt 23,8-12 («Todos vosotros sois hermanos...»)
   Col 3,12-15 («Sobrellevaos mutuamente con amor...»)

Oración

I. Invoquemos al Señor Jesús,
    que se hizo todo para todos.

    – Tú, que viviste como hijo de familia en tu hogar en Nazaret.

    R./ Escúchanos, Señor.

    – Tú, que te hospedaste en casa de Marta, María y Lázaro. R./
    – Tú, que visitaste la casa de Zaqueo. R./
    – Tú, que conviviste con tus discípulos como en familia. R./
    – Tú, que nos has prometido llevarnos contigo a la casa del
      Padre. R./

II. Dirijamos nuestras súplicas al Señor, que quiso compartir
    nuestra condición humana.

    – Tú, que naciste como un desplazado en el pesebre de Belén.

    R./ Ten piedad de nosotros.

    – Tú, que conociste la emigración y el exilio. R./
    – Tú, que no tenías dónde reclinar la cabeza. R./

– Tú, que expiraste sobre el leño de la cruz. R./
– Tú, que eres el Camino que conduce a la casa del Padre. R./

III. A ti, Señor Jesús, el Hijo de Dios, que hecho hombre acampaste entre nosotros, te rogamos:

– Por los que no tienen vivienda.

R./ Te rogamos, óyenos.

– Por los que viven en condiciones infrahumanas. R./
– Por los responsables de la promoción de las viviendas. R./
– Por las empresas constructoras y por cuantos han colaborado en la construcción de esta casa. R./
– Por todos los que se encuentran acogidos en centros asistenciales. R./
– Por las personas que viven solas. R./

IV. Te bendecimos, Padre nuestro,
porque has hecho el mundo, digna morada del hombre,
para que todos convivamos fraternalmente.
R./ Bendito seas por siempre, Señor.

Te bendecimos,
porque nos has reunido en el hogar de tu Iglesia
como miembros de un mismo Cuerpo,
cuya cabeza es Cristo. R./

Te bendecimos,
porque nos has preparado una casa,
que no ha sido levantada por mano de hombre
y que tiene duración eterna en los cielos. R./

Y te pedimos, Señor (por esta familia) (por N. y N.),
que (inauguran) (estrenan) su vivienda:
que su hogar sea imagen del Hogar de Nazaret.
R./ Te lo pedimos, Señor.

Que irradie amor, dulzura, alegría y paz. R./
Que sea ejemplo de respeto, tolerancia, docilidad y perdón. R./
Que sea acogedor, sensible a las necesidades de los demás. R./
Te lo pedimos por Jesucristo nuestro Señor.
R./ Amén.

4. BENDICIÓN DE
UN CENTRO EDUCATIVO

Saludo

Lectura bíblica breve

Dice el Señor:
Yo soy el Camino, la Verdad y la Vida.
Yo soy la luz del mundo,
el que me sigue no anda en tinieblas.
Yo he venido para que tengan vida,
y la tengan en abundancia.

O bien:

Lectura del número 6 de la Declaración conciliar sobre la Educación cristiana de la juventud.

Oración

Dios, Padre nuestro,
que enviaste a tu Hijo Jesús,
tu Palabra,
tu Imagen,
para darnos a conocer los misterios del Reino;
te bendecimos y te damos gracias
por este (centro) (...)
para la educación de (...).
Bendice a (...)
que, atentos a las necesidades de (...),
han hecho posible este proyecto.
Bendice también a cuantos han colaborado
en la construcción del edificio.

Y te pedimos
por cuantos han de construir día a día
(este ...) (el verdadero colegio)
con su paciente labor educadora.
Te lo pedimos
por Jesucristo, tu Hijo,
el Maestro y Señor,
que vive y reina por los siglos de los siglos.
R./ Amén.

5. BENDICIÓN DE UN COCHE
(u otro vehículo)

Señor,
sabemos que eres nuestra meta,
te reconocemos también
como camino verdadero de la vida.
Todos nosotros,
peregrinos y errantes en este mundo,
vamos siempre hacia ti.

Bendito seas, Señor,
porque nos permites
que, con la ayuda de la ciencia y técnica,
tengamos medios y vehículos
para hacer más eficaz nuestro trabajo,
para trasladarnos de un sitio a otro,
para ir al encuentro de los hermanos,
para admirar las maravillas de tu creación,
para hacer más agradable nuestra vida.

Te pedimos
sensatez, cordura, buen ánimo, generosidad
para saber usar y conducir
este coche (...) que hoy pones en nuestras manos.
Por Jesucristo, nuestro Señor. Amén.

6. BENDICIÓN DE UNA IMAGEN

A ti, Señor y Dios nuestro,
elevamos hoy nuestra oración
hecha alabanza y acción de gracias.

Tú eres el Dios que nos salva,
la Palabra que se hace revelación,
la Luz que nos ilumina.

Por eso el hombre
siempre ha intentado conocerte,
ha buscado tu rostro,
ha querido ver tu imagen.

Pero tú escapas de nuestros ojos
y no puedes ser encerrado
en la retina de los hombres.
Tú eres el Absoluto,
la Perfección total,
La Omnipotencia,
la Eternidad,
la Abundancia,
la Plenitud del Amor.

Creemos, sin embargo,
que estás a nuestro lado
y que te nos has mostrado
en tu Hijo Jesucristo.
(Te damos gracias por esta imagen suya,
que nos recuerda tu amor permanente de Padre
y que es signo claro de tu bondad.)

Sabemos también que te manifiestas
en todos los hombres buenos y santos

que han vivido en nuestro mundo.
En primer lugar, en la Virgen María,
Madre y Señora nuestra.
(Te damos gracias por esta imagen suya,
que nos recuerda su amor y solicitud maternal
hacia nosotros, hijos suyos.)

En los santos vemos un ejemplo luminoso
de fidelidad a ti
y de compromiso
por vivir el evangelio de tu Hijo.
(Te damos gracias por esta imagen de san[ta] N.,
que veneramos con devoción
y que es estímulo para nuestro vivir cristiano.)

Acepta, Padre bueno, nuestra alabanza
junto con la súplica filial
de sentir siempre tu presencia
y tu salvación
a través de todos los signos e imágenes
que nos recuerdan
tu perenne amor hacia nosotros.
Por Jesucristo, nuestro Señor.
R./ Amén.

7. BENDICIÓN DE UN ESTABLECIMIENTO (LOCAL) PÚBLICO

Señor y Dios nuestro.
Al reunirnos gozosos
para inaugurar este local (lugar),
queremos unir nuestra alegría
a la acción de gracias por tus beneficios.

Nuestro sentimiento religioso nos mueve
a reconocer la huella de tu presencia
en todos los acontecimientos de la vida.

Por eso elevamos hacia ti
nuestro espíritu agradecido,
porque participamos
de tu bendición descendente.

Te bendecimos, Padre,
porque hoy podemos ofrecer públicamente
este lugar (comercial, asistencial, etc.)
ya terminado.

Te bendecimos, Padre,
porque en este lugar (edificio)
de encuentro entre los hombres
va a ser posible construir
unas relaciones vivas, amistosas y fraternas
que contribuyan al desarrollo
y bienestar de todos.

Y, junto con la alabanza,
hacemos también nuestra súplica:
haz descender sobre nosotros,
sobre nuestras vidas,
sobre nuestros intereses y trabajos,
la bendición abundante de tu gracia,
para que desde este lugar visible,
que hoy inauguramos,
nos hagamos dignos de participar un día
en el templo invisible de tu gloria.
Por Jesucristo, nuestro Señor.

8. BENDICIÓN COMÚN

V./ Nuestro auxilio es el nombre del Señor.
R./ Que hizo el cielo y la tierra.

V./ El Señor esté con vosotros.
R./ Y con tu espíritu.

OREMOS

¡Oh Dios!,
tu palabra santifica todas las cosas.
Derrama ✠ tu bendición
sobre este objeto (esta criatura)
y concede a los que lo van a utilizar
saber darte gracias siempre,
obedecer tus mandatos y cumplir tu voluntad,
para poder alcanzar,
por la invocación de tu santo Nombre,
la salud del cuerpo y la protección del alma.
Por Jesucristo, nuestro Señor. Amén.

APÉNDICE

DATOS SOBRE LA IGLESIA EN ESPAÑA

I. FRANCISCO, SUMO PONTÍFICE

Obispo de Roma, Vicario de Jesucristo, Sucesor del príncipe de los Apóstoles, patriarca de Occidente, primado de Italia, arzobispo y metropolitano de la provincia romana, soberano del Estado de la Ciudad del Vaticano, siervo de los siervos de Dios.

II. CONFERENCIA EPISCOPAL

1. ASAMBLEA PLENARIA

La Conferencia Episcopal está constituida por todos los obispos en funciones dentro de España y por los vicarios capitulares. Los obispos dimisionarios residentes en el país son también invitados y tienen voto deliberativo cuando desempeñan alguna tarea pastoral que les haya encomendado la Santa Sede o la Conferencia Episcopal; en caso contrario lo tienen consultivo. La sesión constitutiva tuvo lugar el año 1966. En esta asamblea se aprobaron los estatutos que fueron ratificados por la Santa Sede el 14 de mayo del mismo año y se renovaron en la asamblea celebrada en noviembre-diciembre de 1971.

2. PRESIDENCIA

Presidente: arz. Argüello
Vicepresidente: card. Cobo

3. CONSEJO DE PRESIDENCIA

Miembros: cards. Osoro, Omella, Cañizares y Blázquez,
Miembro de Honor: Nuncio de Su Santidad
Secretario: ob. García Magán

4. COMISIÓN PERMANENTE

Presidente: arz. Argüello
Vicepresidente: card. Cobo
Secretario: ob. García Magán

Vocales:

Miembros de la Comisión Ejecutiva, presidentes de las comisiones episcopales siguientes: Evangelización, Catequesis y Catecumenado; Laicos, Familia y Vida; Educación y Cultura; Liturgia; Misiones y Cooperación con las Iglesias; Pastoral Social y Promoción Humana; Vida Consagrada; Clero y Seminarios; Comunicaciones Sociales; Doctrina de la Fe; arzobispos metropolitanos que no estén incluidos por las razones anteriores.

b. Representantes de Provincias Eclesiásticas no representadas por ningún prelado en esta Comisión.

5. COMISIÓN EJECUTIVA

Presidente: arz. Argüello
Vicepresidente: card. Cobo
Secretario: ob. García Magán
Miembros: arz. Sanz, ob. García Beltrán, arzs. Iceta, Benavent, Saiz Meneses y Gil

6. COMISIONES EPISCOPALES Y SUS PRESIDENTES

Clero y Seminarios: ob. Pulido
   Subcomisión de Seminarios: ob. Vidal
Comunicaciones Sociales: ob. Lorca
Doctrina de la Fe: ob. Conesa
   Subcomisión de Relaciones Interconfesionales y Diálogo Interreligioso: ob. Valdivia

Educación y Cultura: ob. Carrasco
    Subcomisión de Universidades y Cultura: ob. Martínez Camino
    Subcomisión de Patrimonio Cultural: arz. Prieto
Evangelización, Catequesis y Catecumenado: ob. Rico Pavés
Laicos, Familia y Vida: arz. Escribano
    Subcomisión de Familia y Defensa de la Vida: ob. Mazuelos
    Subcomisión de Juventud e Infancia: ob. Ros
Liturgia: ob. Lemos
Misiones y Cooperación con las Iglesias: ob. Segura
Pastoral Social y Promoción Humana: ob. Fernández
    Subcomisión de Migraciones y Movilidad Humana: ob. García Cadiñanos
    Subcomisión de Acción Caritativa y Social: ob. Martínez Varea
Vida Consagrada: ob. De las Heras

7. SECRETARIADO DEL EPISCOPADO

Secretario: ob. García Magán
Vicesecretaría de Asuntos Generales: Carlos López Segovia
Vicesecretaría de Asuntos Económicos: Fernando Giménez Barriocanal
Dirección: Añastro 1. 28033 Madrid. Teléfono: 91 343 96 00.

III. DIVISIÓN TERRITORIAL Y JERÁRQUICA

Metropolitanas: 14 – Arzobispados: 1 – Sufragáneas: 56

1. PROVINCIAS ECLESIÁSTICAS
(Datos reales en mayo de 2024)

BARCELONA: Juan José Omella Omella (21-4-1946)
    Aux.: Javier Vilanova Pellisa (23-9-1973)
        David Abadías Aurín (31-7-1973)

San Felíu de Llobregat: Agustín Cortés Soriano (23-10-1947)
Tarrasa: Salvador Cristau Coll (15-4-1950)

BURGOS: Mario Iceta Gavicagogeascoa (21-3-1965)
Bilbao: Joseba Segura Etxezarraga (10-5-1958)
Palencia: Mikel Garciandía Goñi (21-3-1964)
Vitoria: Juan Carlos Elizalde Espinal (25-6-1960)
Osma-Soria: Abilio Martínez Varea (29-1-1964)

GRANADA: José María Gil Tamayo (5-6-1957)
Almería: Antonio Gómez Cantero (31-5-1956)
Cartagena: José Manuel Lorca Planes (18-10-1949)
Guadix: Francisco Jesús Orozco Mengíbar (23-4-1970)
Jaén: Sebastián Chico Martínez (12-5-1968)
Málaga: Jesús Esteban Catalá Ibáñez (22-12-1949)

MADRID: José Cobo Cano (20-9-1965)
    Aux.: Juan Antonio Martínez Camino (9-1-1953)
        Jesús Vidal Chamorro (6-5-1974)
        Vicente Martín Muñoz (16-9-1969)
        José Antonio Álvarez Sánchez (3-8-1975)
Alcalá de Henares: Antonio Prieto Lucena (13-1-1974)
Getafe: Ginés Ramón García Beltrán (3-10-1961)
    Aux.: José María Avendaño Perea (25-4-1957)

MÉRIDA-BADAJOZ: José Rodríguez Carballo, OFM
    (11-8-1953)
Coria-Cáceres: Jesús Pulido Arriero (21-2-1965)
Plasencia: Ernesto Jesús Brotóns Tena (20-2-1968)

OVIEDO: Jesús Sanz Montes (18-1-1955)
Astorga: Jesús Fernández González (15-9-1955)
León: Luis Ángel de las Heras Berzal (14-6-1963)
Santander: Arturo Pablo Ros Murgadas (10-6-1964)

PAMPLONA: Florencio Roselló Avellanas, O. DE M. (10-1-1962)

Calahorra y La Calzada-Logroño: Santos Montoya Torres (22-2-1966)

Jaca: Vicente Jiménez Zamora (administrador apostólico) (28-1-1944)

San Sebastián: Fernando Prado Ayuso (28-8-1969)

Tudela: Florencio Roselló Avellanas, O. DE M. (10-1-1962)

SANTIAGO DE COMPOSTELA: Francisco José Prieto Fernández (18-8-1968)

Lugo: Alfonso Carrasco Rouco (12-10-1956)

Mondoñedo-Ferrol: Fernando García Cadiñanos (7-5-1968)

Orense: José Leonardo Lemos Montanet (31-5-1953)

Tui-Vigo: Antonio José Valín Valdés (24-2-1968)

SEVILLA: José Ángel Saiz Meneses (2-8-1956)

Cádiz y Ceuta: Rafael Zornoza Boy (31-7-1947)

Canarias: José Mazuelos Pérez (9-10-1960)
  Aux.: Cristóbal Déniz Hernández (15-6-1969)

Córdoba: Demetrio Fernández González (15-2-1950)

Huelva: Santiago Gómez Sierra (24-11-1957)

Jerez de la Frontera: José Rico Pavés (9-10-1966)

Tenerife: Bernardo Álvarez Afonso (16-7-1976)

TARRAGONA: Joan Planellas i Barnosell (7-11-1955)

Gerona: Octavi Vilà Mayo (11-12-1961)

Lérida: Salvador Giménez Valls (31-5-1948)

Solsona: Francisco Simón Conesa Ferrer (25-8-1961)

Tortosa: Sergi Gordo Rodríguez (23-3-1967)

Urgel: Joan Enric Vives i Sicilia (24-7-1949)

Vic: Romà Casanova Casanova (29-8-1956)

TOLEDO: Francisco Cerro Chaves (18-10-1957)
  Aux.: Francisco César García Magán (2-2-1962)

Albacete:
Ciudad Real: Gerardo Melgar Viciosa (24-9-1948)
Cuenca: José María Yanguas Sanz (26-10-1947)
Sigüenza-Guadalajara: Julián Ruiz Martorell (19-1-1957)

VALENCIA: Enrique Benavent Vidal (25-4-1959)
Ibiza: Vicente Ribas Prats (12-5-1968)
Mallorca: Sebastià Taltavull Anglada (28-1-1948)
Menorca: Gerard Villalonga Hellín (29-4-1958)
Orihuela-Alicante: José Ignacio Munilla Aguirre (13-11-1961)
Segorbe-Castellón: Casimiro López Llorente (11-10-1950)

VALLADOLID: Luis J. Argüello García (10-5-1953)
Ávila: Jesús Rico García (15-10-1954)
Ciudad Rodrigo: José Luis Retana Gozalo (12-3-1953)
Salamanca: José Luis Retana Gozalo (12-3-1953)
Segovia: César Augusto Franco Martínez (16-12-1948)
Zamora: Fernando Valera Sánchez (7-3-1960)

ZARAGOZA: Carlos Manuel Escribano Subías (15-8-1964)
Barbastro-Monzón: Ángel Javier Pérez Pueyo (18-8-1956)
Huesca: Vicente Jiménez Zamora (administrador apostólico) (28-1-1944)
Tarazona: Vicente Rebollo Mozos (15-4-1964)
Teruel y Albarracín: José Antonio Satué Huerto (6-2-1968)

2. ARZOBISPADO CASTRENSE
Juan Antonio Aznárez Cobo (14-1-1961)

Nuncio: Mons. Bernardito Auza
Consejeros: mons. Roman Walczak y Renato Kučić
Dirección: Avda. Pío XII, 46. Apartado 19041. 28016 Madrid.
Teléfono: 91 766 83 11.

TRIBUNAL DE LA ROTA

Presidente: Nuncio Apostólico
Decano: Carlos Manuel Morán Bustos
Dirección: c/ Nuncio 13. 28005 Madrid. Teléfono: 91 365 66 20.

CONSEJO EPISCOPAL LATINOAMERICANO (CELAM)

Presidente: Jaime Spengler, OFM, arzobispo de Porto Alegre (Brasil)
1er vicepresidente: José Luis Azuaje, arzobispo de Maracaibo (Venezuela)
2º vicepresidente: José Domingo Ulloa Mendieta, arzobispo de Ciudad de Panamá (Panamá)
Presidente del Consejo de Asuntos Económico: Santiago Rodríguez, obispo de San Pedro de Macorís (República Dominicana)
Secretario general: Lizardo Estrada, obispo aux. del Cusco (Perú)
Calle Carrera 5 N, 118-31
Apdo. Aéreo 510-86
Bogotá, D.E. (Colombia)
Tel: (57 1) 587 9710 - Fax (57 1) 587 9117
Correo electrónico: celam@celam.org
Página web: http://www.celam.org

SANTOS PATRONOS DE ENTIDADES

Inmaculada Concepción: Patrona del arma de Infantería.

Sagrada Familia: Patrona de las Cajas de Ahorros Confederadas.

San Alberto: Patrono de los científicos, naturalistas y químicos.

San Alfonso María de Ligorio: Patrono de los confesores y moralistas.

San Antón (abad): Patrono de los animales domésticos.

San Benito: Patrono de los espeleólogos.

San Bernardo de Meuthan: Patrono de los alpinistas y esquiadores.

San Camilo: Patrono de los enfermeros.

San Cosme y san Damián: Patronos de los médicos.

San Crispín: Patrono de los zapateros y los curtidores.

San Cristóbal: Patrono de los automovilistas.

San Francisco de Asís: Patrono de los caminantes.

San Francisco de Sales: Patrono de los periodistas.

San Francisco Javier: Patrono de las misiones y del turismo.

San Gabriel: Patrono de la telecomunicación y de los embajadores.

San Gregorio: Patrono de los musicólogos.

San Hipólito: Patrono de los guardianes de prisión.

San Isidro: Patrono de los labradores.

San Jerónimo: Patrono de los exegetas de la Biblia.

San Jorge: Patrono de los caballeros.

San José: Patrono de los carpinteros.

San José de Calasanz: Patrono de la Educación Primaria.

San Juan de Ávila: Patrono del clero secular.

San Juan de Dios: Patrono del personal hospitalario.

San Juan de la Cruz: Patrono de los poetas.

San Justino: Patrono de los filósofos.

San Lucas: Patrono de los cirujanos, médicos y sanitarios.

San Luis Gonzaga: Patrono de la juventud estudiante.

San Mateo: Patrono de los recaudadores.

San Miguel: Patrono de los radiólogos y de los paracaidistas.

San Pedro: Patrono de los pecadores arrepentidos.

San Rafael: Patrono de los mutilados de guerra.

San Raimundo de Peñafort: Patrono de los abogados y juristas.

San Ramón Nonato: Patrono de las futuras madres.

San Vicente de Paúl: Patrono de las obras de caridad.

Santa Ana: Patrona de las mujeres embarazadas y madres de familia.

Santa Apolonia: Patrona de los dentistas.

Santa Bárbara: Patrona de los artilleros y mineros.

Santa Cecilia: Patrona de los músicos.

Santa Marta: Patrona del gremio de la hostelería.

Santa Teresa de Ávila: Patrona de intendencia, escritores españoles y agentes de la propiedad inmobiliaria.

Santa Teresita del Niño Jesús: Patrona de las misiones.

Santiago (apóstol): Patrono del arma de Caballería.

Santo Tomás de Aquino: Patrono de las Universidades, enseñanza superior y teólogos.

Santos Ángeles Custodios: Patronos de la policía.

Virgen del Carmen: Patrona de la Marina.

Virgen del Pilar: Patrona de la Guardia Civil.

SANTOS A QUIENES SE INVOCA ESPECIALMENTE

San Andrés Corsino: en las enfermedades incurables.

San Antón (abad)**:** en las epidemias.

San Antonio de Padua: para encontrar objetos perdidos.

San Blas: contra los males de garganta.

San Erasmo: en las afecciones de vientre y estómago.

San Enrique: en el asma.

San Gil: en las epidemias.

San Ignacio de Loyola: para librarse de la conciencia escrupulosa.

San Jorge: en los males del herpes.

San Medardo: previene las calenturas.

San Roque: en las epidemias.

Santa Apolonia: en los dolores de muelas.

Santa Lucía: en los males de los ojos.

Santa Rita: en las causas desesperadas.

Santiago: contra el reumatismo.

VÍRGENES DE NACIONES AMERICANAS

Argentina	Ntra. Sra. de Luján
Bolivia	Ntra. Sra. de Copacabana
Brasil	Ntra. Sra. de la Aparecida
Colombia	Ntra. Sra. de Chiquinquirá
Costa Rica	Ntra. Sra. de los Ángeles
Cuba	Ntra. Sra. de la Caridad del Cobre
Chile	Ntra. Sra. del Carmen
Ecuador	Ntra. Sra. de la Merced
El Salvador	Ntra. Sra. de la Paz
Guatemala	Ntra. Sra. de del Rosario
Haití	Ntra. Sra. del Perpetuo Socorro
Honduras	Ntra. Sra. de Suyapa
México	Ntra. Sra. de Guadalupe
Nicaragua	Ntra. Sra. de la Asunción del Viejo
Panamá	Ntra. Sra. de la Inmaculada Concepción
Paraguay	Ntra. Sra. de Caacupé
Perú	Ntra. Sra. de la Merced
Puerto Rico	Ntra. Sra. de de la Divina Providencia
Rep. Dominicana	Ntra. Sra. de la Alta Gracia
Uruguay	Ntra. Sra. de los Treinta y Tres
Venezuela	Ntra. Sra. de Coromoto

VÍRGENES PATRONAS DE LAS PROVINCIAS ESPAÑOLAS

Álava	Ntra. Sra. de Estíbaliz
Albacete	Ntra. Sra. de los Llanos
Alicante	Ntra. Sra. del Remedio
Almería	Ntra. Sra. del Mar
Ávila	Ntra. Sra. de Sonsoles
Badajoz	Ntra. Sra. de la Soledad
Barcelona	Ntra. Sra. de la Merced
Burgos	Santa María la Mayor
Cáceres	Ntra. Sra. de la Montaña
Cádiz	Ntra. Sra. del Rosario
Castellón	Ntra. Sra. de Lidón
Ciudad Real	Ntra. Sra. del Prado
Córdoba	Ntra. Sra. de la Fuensanta
La Coruña	Ntra. Sra. del Rosario
Cuenca	Ntra. Sra. de la Luz
Gerona	Ntra. Sra. de Collel
Granada	Ntra. Sra. de las Angustias
Guadalajara	Ntra. Sra. de la Antigua
Guipúzcoa	Ntra. Sra. de Aránzazu
Huelva	Ntra. Sra. de la Cinta
Huesca	Ntra. Sra. de Salas
Jaén	Ntra. Sra. de la Cabeza
León	Ntra. Sra. del Camino
Lérida	Ntra. Sra. de la Academia
Logroño	Ntra. Sra. de la Esperanza
Lugo	Ntra. Sra. de los Ojos Grandes
Madrid	Ntra. Sra. de la Almudena
Málaga	Ntra. Sra. de la Victoria
Mallorca	Ntra. Sra. de Lluc
Murcia	Ntra. Sra. de la Fuensanta
Orense	Santa María la Madre

Oviedo	Ntra. Sra. de Covadonga
Palencia	Ntra. Sra. de la Calle
Las Palmas	Ntra. Sra. del Pino
Pamplona	Santa María la Real
Pontevedra	Ntra. Sra. del Refugio, la Divina
Salamanca	Ntra. Sra. de la Vega
Santander	Ntra. Sra. Bien Aparecida
Segovia	Ntra. Sra. de la Fuencisla
Sevilla	Ntra. Sra. de los Reyes
Soria	Ntra. Sra. del Espino
Tarragona	Ntra. Sra. del Claustro
Tenerife	Ntra. Sra. de la Candelaria
Teruel	Ntra. Sra. del Tremedal
Toledo	Ntra. Sra. del Sagrario
Valencia	Ntra. Sra. de los Desamparados
Valladolid	Ntra. Sra. de San Lorenzo
Vizcaya	Ntra. Sra. de Begoña
Zamora	Ntra. Sra. del Tránsito
Zaragoza	Ntra. Sra. del Pilar

SANTO ROSARIO

V./ Señor, ábreme los labios.
R./ Y mi boca proclamará tu alabanza.

V./ Dios mío, ven en mi auxilio.
R./ Señor, date prisa en socorrerme.

V./ Gloria al Padre, y al Hijo, y al Espíritu Santo.
R./ Como era en un principio, ahora y siempre por los siglos de los siglos, amén.

Misterios Gozosos (lunes y sábado)
1. La Encarnación del Hijo de Dios.
2. La Visitación de Nuestra Señora a su prima santa Isabel.
3. El Nacimiento del Hijo de Dios en Belén.
4. La Purificación de Nuestra Señora.
5. El Niño perdido y hallado en el Templo.

Misterios Luminosos (jueves)
1. El Bautismo de Jesús en el Jordán.
2. Jesús se revela en las bodas de Caná.
3. El anuncio del Reino de Dios invitando a la conversión.
4. La Transfiguración del Señor.
5. La institución de la Eucaristía.

Misterios Dolorosos (martes y viernes)
1. La oración de Jesús en el huerto.
2. La Flagelación del Señor.
3. La Coronación de espinas.
4. La Cruz a cuestas.
5. Jesús muere en la Cruz.

Misterios Gloriosos (miércoles y domingos)
1. La Resurrección del Señor.
2. La Ascensión del Señor.
3. La Venida del Espíritu Santo.
4. La Asunción de Nuestra Señora.
5. La Coronación de María Santísima.

LETANÍA

Señor, ten piedad.

Cristo, ten piedad
Señor, ten piedad.
Cristo, óyenos.
Cristo, escúchanos.
Dios, Padre celestial,
ten piedad de nosotros.
Dios, Hijo, Redentor del
    mundo,
Dios, Espíritu Santo,
Santísima Trinidad, un solo
    Dios,
Santa María,
ruega por nosotros.
Santa Madre de Dios,
Santa Virgen de las Vírgenes,
Madre de Cristo,
Madre de la Iglesia,
Madre de la misericordia,
Madre de la divina gracia,
Madre de la esperanza,
Madre purísima,
Madre castísima,
Madre siempre virgen,
Madre inmaculada,
Madre amable,
Madre admirable,
Madre del buen consejo,
Madre del Creador,
Madre del Salvador,
Madre de misericordia,
Virgen prudentísima,
Virgen digna de veneración,
Virgen digna de alabanza,
Virgen poderosa,
Virgen clemente,
Virgen fiel,
Espejo de justicia,
Trono de la sabiduría,
Causa de nuestra alegría,
Vaso espiritual,
Vaso digno de honor,
Vaso de insigne devoción,
Rosa mística,
Torre de David,
Torre de marfil,
Casa de oro,
Arca de la Alianza,
Puerta del cielo,
Estrella de la mañana,
Salud de los enfermos,
Refugio de los pecadores,
Alivio de los migrantes,
Consoladora de los afligidos,
Auxilio de los cristianos,
Reina de los Ángeles,
Reina de los Patriarcas,
Reina de los Profetas,
Reina de los Apóstoles,
Reina de los Mártires,
Reina de los Confesores,
Reina de las Vírgenes,
Reina de todos los Santos,
Reina concebida sin pecado
    original,
Reina asunta a los Cielos,
Reina del Santísimo Rosario,
Reina de la familia,
Reina de la paz.

Cordero de Dios, que quitas el pecado del mundo,
perdónanos, Señor.
Cordero de Dios, que quitas el pecado del mundo,
escúchanos, Señor.
Cordero de Dios, que quitas el pecado del mundo,
ten misericordia de nosotros.

V./ Ruega por nosotros, santa Madre de Dios.
R./ Para que seamos dignos de las promesas de Jesucristo.

ORACIÓN

Te rogamos nos concedas, Señor Dios nuestro, gozar de continua salud de alma y cuerpo, y por la gloriosa intercesión de la bienaventurada siempre Virgen María vernos libres de las tristezas de la vida presente y disfrutar de las alegrías eternas. Por Cristo, nuestro Señor. Amén.

ORACIONES DE PREPARACIÓN PARA LA MISA

ORACIÓN DE SAN AMBROSIO

Señor mío Jesucristo, me acerco a tu altar lleno de temor por mis pecados, pero también lleno de confianza, porque estoy seguro de tu misericordia.

Tengo conciencia de que mis pecados son muchos y de que no he sabido dominar mi corazón y mi lengua. Por eso, Señor de bondad y de poder, con miserias y temores me acerco a ti, fuente de misericordia y de perdón; vengo a refugiarme en ti, que has dado la vida por salvarme, antes de que llegues como juez a pedirme cuentas.

Señor, no me avergüenza descubrirte mis llagas. Me dan miedo mis pecados, cuyo número y magnitud solo tú conoces; pero confío en tu infinita misericordia. Señor mío Jesucristo, rey eterno, Dios y hombre verdadero, mírame con amor, pues quisiste hacerte hombre para morir por nosotros. Escúchame, pues espero en ti. Ten compasión de mis pecados y miserias, tú, que eres fuente inagotable de amor.

Te adoro, Señor, porque diste tu vida en la cruz y te ofreciste en ella como redentor por todos los hombres y por mí. Adoro, Señor, la sangre preciosa que brotó de tus heridas y ha purificado al mundo de sus pecados. Mira, Señor, a este pobre pecador, creado y redimido por ti.

Me arrepiento de mis pecados y propongo corregir sus consecuencias. Purifícame de todas mis maldades para que pueda celebrar dignamente este Santo Sacrificio.

Que tu Cuerpo y tu Sangre me ayuden, Señor, a obtener de ti el perdón de mis pecados y la satisfacción de mis culpas; me libren de mis malos pensamientos, renueven en mí los sentimientos santos, me impulsen a cumplir tu voluntad y me protejan en todo peligro de alma y cuerpo. Amén.

ORACIÓN DE SANTO TOMÁS DE AQUINO

Dios eterno y todopoderoso, me acerco al sacramento de tu Hijo unigénito, nuestro Señor Jesucristo, como se acerca el enfermo al médico de la vida, el pecador a la fuente de misericordia, el ciego al resplandor de la luz eterna y el pobre e indigente al Dios del cielo y de la tierra.

Muéstrame, Señor, tu bondad infinita y cura mis debilidades, borra las manchas de mis pecados, ilumina mi ceguera, enriquece mi indigencia y viste mi desnudez, a fin de que pueda yo recibir en el Pan de los ángeles al Rey de los reyes y Señor de los señores, con toda la humildad y la reverencia, el arrepentimiento y el amor, la pureza, la fe y el deseo que son necesarios para la salvación de mi alma.

Haz, Señor, que no solo reciba yo el sacramento del Cuerpo y la Sangre de tu Hijo, sino también la fuerza que otorga el sacramento, y que con tal amor reciba yo el Cuerpo que tu Hijo, nuestro Señor Jesucristo, recibió de la Virgen María, que quede yo incorporado a su Cuerpo místico y pueda ser contado como uno de sus miembros.

Concédeme, Padre lleno de amor, llegar a contemplar al término de esta vida, cara a cara y para siempre, a tu amado Hijo, Jesucristo, a quien voy a recibir hoy, oculto en este sacramento. Por el mismo Cristo, nuestro Señor, que vive y reina por los siglos de los siglos. Amén.

ORACIÓN A LA SANTÍSIMA VIRGEN MARÍA

Santísima Virgen María, madre del amor y de la misericordia, que acompañaste a tu Hijo amado cuando dio la vida por nosotros en la cruz, vengo a suplicarte con sinceridad y devoción que acompañes a todos los sacerdotes que van a celebrar hoy la santa misa en toda la Iglesia y también a mí, pecador indigno. Ayúdanos con tu maternal intercesión a ofrecer dignamente al Padre, por medio del Espíritu Santo, el sacrificio redentor de tu Hijo Jesucristo. Amén.

ACCIÓN DE GRACIAS DESPUÉS DE LA MISA

ORACIÓN DE SANTO TOMÁS DE AQUINO

Te doy gracias, Señor, Padre Santo, Dios todopoderoso y eterno, porque, aunque soy un siervo pecador y sin mérito alguno, has querido alimentarme misericordiosamente con el Cuerpo y la Sangre de tu Hijo, nuestro Señor Jesucristo.

Que esta sagrada comunión no vaya a ser para mí ocasión de castigo, sino causa de perdón y salvación. Que sea para mí armadura de fe, escudo de buena voluntad; que me libre de todos mis vicios y me ayude a superar mis pasiones desordenadas; que aumente mi caridad y mi paciencia, mi obediencia y mi humildad y mi capacidad para hacer el bien. Que sea defensa inexpugnable contra todos mis enemigos, visibles e invisibles, y guía de todos mis impulsos y deseos.

Que me una más íntimamente a ti, el único y verdadero Dios, y me conduzca con seguridad al banquete del cielo, donde tú, con tu Hijo y el Espíritu Santo, eres luz verdadera, satisfacción cumplida, gozo perdurable y felicidad perfecta. Por Cristo, nuestro Señor. Amén.

ASPIRACIONES A CRISTO REDENTOR

Alma de Cristo, santifícame. Cuerpo de Cristo, sálvame. Sangre de Cristo, embriágame. Agua del costado de Cristo, lávame. Pasión de Cristo, confórtame. Oh, mi buen Jesús, óyeme. Dentro de tus llagas, escóndeme. No permitas que me aparte de ti. Del enemigo malo, defiéndeme. En la hora de mi muerte, llámame y mándame ir a ti, para que con tus santos te alabe, por los siglos de los siglos. Amén.

OFRECIMIENTO DE SÍ MISMO

Tomad, Señor, y recibid toda mi libertad, mi memoria, mi entendimiento y toda mi voluntad, todo mi haber y mi poseer. Vos me lo disteis: a Vos, Señor, lo torno. Todo es vuestro. Disponed a toda vuestra voluntad. Dadme vuestro amor y gracia, que esta me basta.

ORACIÓN A JESÚS CRUCIFICADO

Miradme, oh mi amado y buen Jesús, postrado en vuestra santísima presencia. Os ruego, con el mayor fervor, que imprimáis en mi corazón vivos sentimientos de fe, esperanza y caridad, dolor de mis pecados y verdadero propósito de jamás ofenderos; mientras que yo, con todo mi amor y compasión, voy considerando vuestras cinco llagas, teniendo presente aquello que dijo de vos, Dios mío, el santo profeta David: «Han taladrado mis manos y mis pies, y se pueden contar todos mis huesos».

ORACIÓN UNIVERSAL DEL PAPA CLEMENTE XI

Creo en ti, Señor, pero ayúdame a creer con firmeza; espero en ti, pero ayúdame a esperar sin desconfianza; te amo, Señor, pero ayúdame a demostrarte que te quiero; estoy arrepentido, pero ayúdame a no volver a ofenderte.

Te adoro, Señor, porque eres mi Creador y te anhelo porque eres mi fin; te alabo, porque no te cansas de hacerme el bien y me refugio en ti, porque eres mi protector.

Que tu sabiduría, Señor, me dirija y tu justicia me reprima; que tu misericordia me consuele y tu poder me defienda.

Te ofrezco, Señor, mis pensamientos, ayúdame a pensar en ti; te ofrezco mis palabras, ayúdame a hablar de ti; te ofrezco mis obras, ayúdame a cumplir tu voluntad; te ofrezco mis penas, ayúdame a sufrir por ti.

Todo aquello que quieres tú, Señor, lo quiero yo, precisamente porque lo quieres tú, como tú lo quieras y durante el tiempo que lo quieras.

Te pido, Señor, que ilumines mi entendimiento, que fortalezcas mi voluntad, que purifiques mi corazón y santifiques mi espíritu.

Hazme llorar, Señor, mis pecados, rechazar las tentaciones, vencer mis inclinaciones al mal y cultivar las virtudes.

Dame tu gracia, Señor, para amarte y olvidarme de mí, para buscar el bien de mi prójimo sin tenerle miedo al mundo.

Dame tu gracia para ser obediente con mis superiores, comprensivo con mis subordinados, solícito con mis amigos y generoso con mis enemigos.

Ayúdame, Señor, a superar con austeridad el placer, con generosidad la avaricia, con amabilidad la ira, con fervor la tibieza.

Que sepa yo tener prudencia, Señor, al aconsejar, valor en los peligros, paciencia en las dificultades, sencillez en los éxitos.

Concédeme, Señor, atención al orar, sobriedad al comer, responsabilidad en mi trabajo y firmeza en mis propósitos.

Ayúdame a conservar la pureza de alma, a ser modesto en mis actitudes, ejemplar en mi trato con el prójimo y verdaderamente cristiano en mi conducta.

Concédeme tu ayuda para dominar mis instintos, para fomentar en mí tu vida de gracia, para cumplir tus mandamientos y obtener mi salvación.

Enséñame, Señor, a comprender la pequeñez de lo terreno, la grandeza de lo divino, la brevedad de esta vida y la eternidad de la futura.

Concédeme, Señor, una buena preparación para la muerte y un santo temor al juicio para librarme del infierno y obtener tu gloria. Por Cristo, nuestro Señor. Amén.

María, Virgen y Madre santísima, he recibido a tu Hijo Jesucristo, a quien concebiste en tu seno inmaculado, diste a luz, alimentaste y arrullaste en tu regazo. Ahora vengo ante ti, con él en mi corazón, para pedirte humildemente que me enseñes a amarlo como tú lo amas y para que sepa ofrecerlo, como tú, al Padre eterno, por mis necesidades y las de todo el mundo. Intercede por mí, Madre llena de amor, para que obtenga yo el perdón de todos mis pecados, la gracia de servir a Cristo con mayor fidelidad, de ahora en adelante, y el don de la perseverancia final, para que pueda alabarlo en tu compañía, por los siglos de los siglos. Amén.

INDICATIVOS TELEFÓNICOS

Álava	945	Logroño	941
Albacete	967	Lugo	982
Alicante	96	Madrid	91
Almería	950	Málaga	952
Ávila	920	Murcia	968
Badajoz	924	Navarra	948
Baleares	971	Orense	988
Barcelona	93	Oviedo	98
Burgos	947	Palencia	979
Cáceres	927	Las Palmas	928
Cádiz	956	Pontevedra	986
Castellón	964	Salamanca	923
Ciudad Real	926	S. Cruz de Tenerife	922
Córdoba	957	Santander	942
La Coruña	981	Segovia	921
Cuenca	969	Sevilla	95
Gerona	972	Soria	975
Granada	958	Tarragona	977
Guadalajara	949	Teruel	978
Guipúzcoa	943	Toledo	925
Huelva	959	Valencia	96
Huesca	974	Valladolid	983
Jaén	953	Vizcaya	94
León	987	Zamora	980
Lérida	973	Zaragoza	976

```
          2  3  4        3  4  5  6  7  8        3  4  5  6  7  8
 7  8  9 10 11        10 11 12 13 14 15        10 11 12 13 14 15
13 14 15 16 17 18     17 18 19 20 21 22        17 18    20 21 22
20 21 22 23 24 25     24 25 26 27 28           24 25 26 27 28 29
27 28 29 30 31                                 31
```

```
 1  2  3  4  5              2  3              2  3  4  5  6  7
 7  8  9 10 11 12      5  6  7  8  9 10        9 10 11 12 13 14
14 15 16       19     12 13 14 15 16 17       16 17 18 19 20 21
21 22 23 24 25 26     19 20 21 22 23 24       23 24 25 26 27 28
28 29 30              26 27 28 29 30 31       30
```

```
 1  2  3  4  5              1  2              1  2  3  4  5  6
 7  8  9 10 11 12      4  5  6  7  8  9        8  9 10 11 12 13
14 15 16 17 18 19     11 12 13 14    16       15 16 17 18 19 20
21 22 23 24    26     18 19 20 21 22 23       22 23 24 25 26 27
28 29 30 31           25 26 27 28 29 30       29 30
```

```
    1  2  3  4        3  4  5  6  7  8        1  2  3  4  5  6
 6  7  8  9 10 11     10 11 12 13 14 15           9 10 11 12 13
13 14 15 16 17 18     17 18 19 20 21 22       15 16 17 18 19 20
20 21 22 23 24 25     24 25 26 27 28 29       22 23 24    26 27
27 28 29 30 31                                29 30 31
```

238

```
            2  3        2  3  4  5  6  7        2  3  4  5  6  7
5     7  8  9 10        9 10 11 12 13 14        9 10 11 12 13 14
12 13 14 15 16 17      16 17 18 19 20 21       16 17 18    20 21
19 20 21 22 23 24      23 24 25 26 27 28       23 24 25 26 27 28
26 27 28 29 30 31                              30 31


      1        4                     2         1  2  3  4  5  6
6  7  8  9 10 11       4  5  6  7  8  9         8  9 10 11 12 13
13 14 15 16 17 18     11 12 13 14 15 16        15 16 17 18 19 20
20 21 22 23 24 25     18 19 20 21 22 23        22 23 24 25 26 27
27 28 29 30           25 26 27 28 29 30        29 30


      1  2  3  4                     1         1  2  3  4  5
6  7  8  9 10 11      3  4  5  6  7  8         7  8  9 10 11 12
13 14 15 16 17 18     10 11 12 13 14          14 15 16 17 18 19
20 21 22 23 24        17 18 19 20 21 22       21 22 23 24 25 26
27 28 29 30 31        24 25 26 27 28 29       28 29 30
                      31


         1  2  3        2  3  4  5  6  7         1  2  3  4  5
5  6  7  8  9 10        9 10 11 12 13 14        7     9 10 11 12
   13 14 15 16 17      16 17 18 19 20 21       14 15 16 17 18 19
19 20 21 22 23 24      23 24 25 26 27 28       21 22 23 24    26
26 27 28 29 30 31      30                      28 29 30 31
```